全面质量管理与企业技术创新

张志强◎著

Total Quality Management and Enterprise Technology Innovation

中国经济出版社
CHINA ECONOMIC PUBLISHING HOUSE
北京

图书在版编目（CIP）数据

全面质量管理与企业技术创新 / 张志强著．--北京：中国经济出版社，2022.6

ISBN 978-7-5136-6949-8

Ⅰ．①全… Ⅱ．张… Ⅲ．①企业管理-全面质量管理 Ⅳ．①F273.2

中国版本图书馆 CIP 数据核字（2022）第 094548 号

策划编辑　赵静宜
责任编辑　丁　楠
责任印制　马小宾
封面设计　久品轩

出版发行　中国经济出版社
印 刷 者　北京力信诚印刷有限公司
经 销 者　各地新华书店
开　　本　710mm×1000mm　1/16
印　　张　11.25
字　　数　165 千字
版　　次　2022 年 6 月第 1 版
印　　次　2022 年 6 月第 1 次
定　　价　68.00 元
广告经营许可证　京西工商广字第 8179 号

中国经济出版社 **网址** www.economyph.com **社址** 北京市东城区安定门外大街 58 号 **邮编** 100011

前　言

质量管理和技术创新都是企业持续发展的关键，但两者的关系在理论研究中仍具争议，实践中往往将两者割裂看待，如何以质量管理为基础持续提升企业技术创新水平是一个亟待解决的科学问题。本书以本土化的卓越绩效模式为基础，以质量管理成熟性为全新视角，应用结构方程模型、统计分析等方法，深入研究全面质量管理对企业技术创新的影响机制及协同策略。构建“质量管理成熟性—技术创新过程—技术创新绩效”的概念模型；选择200多家北京市企业为问卷调查对象，确定全面质量管理对企业技术创新的影响路径和影响系数；深入分析企业生命周期的调节作用；从过程视角提炼质量管理与技术创新的协同要素，建立基于PDCA的企业全面质量创新体系框架，研究质量管理与技术创新的协同耦合性。本书进一步丰富全面质量管理与企业技术创新关系研究的成果，对促进企业以质量管理为基础的技术创新水平提升具有理论和现实意义。

通过前期对申报北京市人民政府质量管理奖的企业实际调研，依据卓越绩效模式发现北京市企业大多存在创新战略缺失、创新制度不健全、技术创新过程脱节、知识管理缺乏等质量管理成熟度不高的问题。实际中质量管理的一些基本理念，如顾客导向、流程管理、持续改进等都对创新起着重要作用。质量管理的一系列体系和方法，如：卓越绩效模式、ISO 9001质量体系、六西格玛设计、质量功能展开等在创新管理实践中广泛应用。质量管理贯穿于企业创新全过程，企业创新的激发、实现、扩散环节都需要在质量管理过程中保证创新的有效性。但是企业在实践中往往将质量管理和创新割裂看待，没有用质量管理的理念和方法指导企业创新实践，没有在质量管理基础上系统地开展创新活动，这就不能很好地将企业内外部的创新资源优势转化成企业实际竞争优势。目前对该方面的理论和实践研究匮乏，因此，如何以质量管理为基础不断提高企业技术创新水平，并实现质量管理与技术创新的融合是一个亟待解决的科学问题。

本书的具体内容如下：

第一章：绪论。主要介绍本书的研究背景及意义，通过对全面质量管理对技术创新的影响、质量管理成熟度、企业生命周期等研究的文献综述，明确需要解决的问题，并设计研究方案及技术路线。

第二章：理论基础。对研究相关理论基础进行介绍，包括全面质量管理理论、卓越绩效模式、企业技术创新、耦合协同理论、结构方程模型五个方面。

第三章：全面质量管理对企业技术创新的影响机制研究。以本土化的卓越绩效模式为指导，对企业质量管理成熟性要素进行界定，将"领导、战略、顾客与市场、资源、过程管理、测量分析与改进"作为关键要素，并进行因素构念的区分探讨及具体衡量变量设计；借鉴我国GB/Z 19579《卓越绩效评价准则实施指南》中的"过程—结果"模型及相关技术创新的理论研究，将"技术创新过程、技术创新绩效"作为关键要素，并将"渐进式创新过程、突破式创新过程"两种具有较大差异性的技术创新过程作为企业创新过程的关键要素，并进行因素构念的区分探讨及具体衡量变量设计；构建"质量管理成熟性—技术创新过程—技术创新绩效"的概念模型；选择200多家北京市企业为问卷调查对象，运用结构方程模型，确定质量管理成熟性对企业技术创新的影响路径和影响系数。

第四章：基于企业生命周期调节作用的全面质量管理对企业技术创新的影响研究。以北京市292家企业作为问卷调查对象，以企业生命周期为调节变量，利用 Amos17.0 建立了结构方程模型研究企业生命周期的不同阶段的全面质量管理实践对技术创新影响，分析企业生命周期的四个阶段（初创期、成长期、成熟期、再生期）差异化的调节作用，得出不同企业生命周期阶段全面质量管理的重点对策，以促进企业技术创新。

第五章：全面质量管理与技术创新过程的协同耦合性研究。从过程的角度切入，认为全面质量管理过程与技术创新过程均为 PDCA 的循环改进过程，并基于已有的理论和研究成果，深入剖析全面质量管理与技术创新的过程耦合机理，构建协同耦合关系概念模型；建立全面质量管理与技术创新的过程耦合评价指标体系及协调度评价模型；根据耦合评价指标体系设计调查问卷，运用 SPSS 对 5 个不同行业（电子行业、制药行业、汽车行业、食品行业、机械制造）的 210 家企业的问卷调查数据进行分析，验证全面质量管理与技术创新的过程耦合性，并为企业寻求质量管理与创新的耦合协同效应提出建议。

第六章：结论与建议。主要对上述研究内容与研究结果进行总结，为企业的全面质量管理与企业技术创新实践提出建议。

本书得以编写完成，要感谢我的学生白逸帆、僧俐洋、上官单彬、乔怡迪、陈蔓、张运、曹坤鹏等在写作过程中给予的支持。

由于笔者水平有限，不当之处在所难免，敬请读者沟通指正，以便不断改进完善。

本书参阅、引用的资料和信息已尽可能在资料来源和参考文献中列出，如有不慎遗漏，在此深表歉意。

张志强

2022 年 5 月

目录

第一章
绪论

第一节　研究背景及意义

一、研究背景

我国经济已由高速增长阶段转向高质量发展阶段，质量已成为“新常态”下制约中国经济发展的重要瓶颈，提质增效、转型升级刻不容缓。在党的十八届五中全会、党的十九大、党的十九届六中全会和历次中央经济工作会议集中对我国经济发展做出部署的工作中，均做出坚持以“高质量发展为主题”的战略为基点，“高质量”成为“十四五”乃至更长时间段内我国国民经济建设的重要话题。党的十九届六中全会通过的《中共中央关于党的百年奋斗重大成就和历史经验的决议》强调，必须实现创新成为第一动力、协调成为内生特点、绿色成为普遍形态、开放成为必由之路、共享成为根本目的的高质量发展，推动经济发展质量变革、效率变革、动力变革。实现高质量发展是我国经济社会发展历史、实践和理论的统一，是开启全面建设社会主义现代化国家新征程、实现第二个百年奋斗目标的根本路径。在供给侧结构性改革的背景下，企业作为宏观经济的微观主体，转变发展方式，提质增效的紧迫性尤为突出，对经济的高质量发展发挥重要作用。

科技创新是实现高质量发展的第一动力，北京市作为全国“科技创新中心”，企业是首都科技创新的主体，企业创新能力的提升关系到首都发展的质量。截至 2021 年底，北京市拥有的国家高新技术企业达到 2. 9 万家，现存注册资本过百万企业 165 万余家。企业具有高成长、高风险、高收益的特征，北京市政府及各区每年都会通过税收优惠、项目补贴、资金奖励、贷款贴息、人才资助、股权投资等方式给予大量的政策扶植，但一些企业在得到政策激励后，尽管拥有非常先进的技术成果或专利，但依然不得不面对无法成功商业化的困境，并不得不选择退出，往往无法持续实现创新发展。可见，如何提高北京市企业的创新能力是一个尚待解决的重要问题。

“创新”的概念最早由美国经济学家熊彼特在 1912 年提出，创新是企业家对生产要素的组合，是企业生存和发展的原动力。创新是引领发展的第一动力，随着科学技术的飞速发展和经济全球化的不断深入，创新越来越成为构建企业核心竞争优势，实现企业可持续发展的重要手段。我国始终激励各行业改进创新，李克强总理提出的“大众创业，万众创新”政策在全国掀起了一股创新浪潮。在全民“双创”的时代，竞争日益激烈，顾客需求复杂多变，产品生命周期不断缩短，企业能否通过创新实现永续发展变得至关重要。2015 年 4 月 30 日中央政治局会议审议通过的《京津冀协同发展规划纲要》中，进一步明确了北京“四个中心”的定位，其中北京市作为全国“科技创新中心”。2021 年 11 月 24 日，《北京市“十四五”时期国际科技创新中心建设规划》中确定了北京“三城一区”的发展定位和方向，三城一区是指中关村科学城、怀柔科学城、未来科学城和北京经济技术开发区，其为北京加强全国科技创新中心建设的主平台。北京市企业是首都科技创新的主体，全面提高北京市企业的创新能力成为首都发展的要求和责任。北京将通过“三城一区”建设优化重点区域创新格局，激发人才创新活力，构建开放创新生态，深化科技体制改革，引领推动并支持全面创新的基础制度建设。

通过前期对申报北京市人民政府质量管理奖的企业实际调研，依据卓越绩效模式发现北京市企业大多存在创新战略缺失、创新制度不健全、技术创新过程脱节、知识管理缺乏等质量管理成熟度不高的问题。实际中质量管理的一些基本理念，如顾客导向、流程管理、持续改进等都对创新起着重要作用。质量管理的一系列体系和方法，如：卓越绩效模式、ISO 9001 质量体系、6 西格玛设计、质量功能展开等在创新管理实践中广泛应用。质量管理贯穿于企业创新全过程，企业创新的激发、实现、扩散环节都需要在质量管理过程中保证创新的有效性。但是在企业实践中往往将质量管理和创新割裂看待，没有用质量管理的理念和方法指导企业创新实践，没有在质量管理基础上系统地开展创新活动，这就不能很好地将企业内外部的创新资源优势转化成企业实际竞争优势。但目前对该方面的理论和实践研究匮乏，因此，如何以质量管理为基础不断提高企业技术创新水平，并实现质量管理与技术创新的融合是一个亟待解决的科学问题。

二、研究意义

（一）理论意义

质量管理与企业创新关系的研究一直是国内外学者关注的热点和前沿，并取得了一定的研究成果，但研究深度较浅，理论化不强，更没有将企业作为研究主体。目前的研究主要集中于质量管理与创新间的相互影响机制，缺乏对二者相互作用机制的研究，其中大多都是直接以定性或定量分析质量管理与创新间影响关系后提出两者可以结合的结论和建议，缺乏直接的实证分析，也没有形成理论和体系上的成果。可见，对于两者间相互作用机制的研究还处于初始阶段，需要进行深入研究。本研究以本土化的卓越绩效模式的全新视角，运用结构方程模型深入研究全面质量管理对企业技术创新的影响机制，借鉴卓越绩效模式的“过程—结果”模型，构建“质量管理成熟性—企业技术创新过程—企业技术创新绩效”的概念模型，通过研究技术过程创新能力在全面质量管理成熟性与技术创新绩效之间的中介作用，进一步丰富全面质量管理与企业技术创新关系研究成果。并且从 PDCA 过程理论出发，构建全面质量管理与技术创新的过程耦合关系及评价模型，研究结论为质量管理与创新的耦合协同研究提供理论和实证支持。这将进一步丰富质量管理与企业创新关系研究的成果。

（二）实践意义

全面质量管理和企业创新作为两种不同的管理理论，均能提高企业竞争力，也是企业持续发展的关键，它们之间能否良性配合关系到企业的持续发展，但企业往往将全面质量管理和创新管理割裂看待，政府也未有针对性地从质量管理角度科学地制定企业创新发展的政策。北京市作为全国“科技创新中心”，全面提高企业的创新能力成为首都发展的要求和责任。通过对北京市企业实际调研发现，北京市规模以上企业全面质量管理成熟度不高、质量管理方法应用不够，创新基础有待提高等，企业也往往将全面质量管理和创新割裂看待，没有用全面质量管理的理念和方法指导企业创新实践，没有在全面质量管理的基础上系统地开展创新活动，导致不能很好地将企业内外部的创新资源优势转化成实际竞争优势。因此本书将以北京市企业为研究对象，对申报北京市人民政府质量管理奖的企业进行实际调研分析。通过调整全面质量管理与创新的耦合协调度，实现全面质量管理与创新的良性互动，最大限度地发挥全面质量管理与创新对企业绩效的协同推进作用。研究结论进一步丰富全面质量管理与企业创新关系研究的理论成果，可以作为企业推行全面质量管理与创新的重要参考依据，为北京市企业技术创新、质量提升及政府创新发展政策的制定提供科学依据。

第二节　文献综述

质量管理与创新均关系着企业的发展，这二者之间的关系是促进还是抑制？影响关系及其影响机制如何？影响程度有多大？是否可以融合？已成为理论界和实业界的热点问题。

一、质量管理对技术创新的影响研究

国内外现有研究大都从质量管理对创新绩效的影响、质量管理对不同创新类型的影响、质量管理模式对创新绩效的影响三个角度展开研究。

（一）质量管理对创新绩效的影响研究

国内外学者在质量管理对创新绩效的影响研究方面取得了较多的研究

成果，促进和抑制作用都有涉及，研究通常运用定性分析和结构方程模型、问卷调查、计量经济学等定量研究方法，并将企业创新能力、组织学习、员工行为等作为中介变量，将市场动态性、环境动态性等作为调节变量进行研究。

国外研究：Singh（2004）[1]、Leavengood（2014）[2]、Wang（2014）[3]、Long（2015）[4]都通过定量研究发现质量管理实践对创新绩效有正向积极的影响；Bourke（2017）[5]研究发现短期质量创新管理对产品创新绩效有一定破坏性，但长期有益；Zeng（2017）[6]考察了组织情境因素，硬 QM 和软 QM 与创新绩效之间的关系；Escrig-Tena（2018）[7]研究了硬 QM 和软 QM 与创新绩效之间的关系，员工主动行为的中介作用。

国内研究：李钊（2008）[8]、姜鹏（2009）[9]、苏秦（2010）[10]和张群祥（2014）[11]、张鹏伟（2013）[12]、孙兆刚（2015）[13]分别从质量管理实践、质量管理核心和基础实践、不同情境下的质量管理实践、知识转移的中介变量、质量创新角度研究其对创新绩效的影响；奉小斌（2015）[14]定量研究发现质量管理柔性实践和硬性实践对企业创新绩效有显著正向作用；宋永涛（2016）[15]运用统计分析发现基础质量管理实践能够显著促进产品创新能力的提升和产品创新绩效的提升，而核心质量管理实践对创新绩效不显著并且阻碍产品创新绩效；周锋（2021）[16]发现在智能制造背景下基础质量管理实践和核心质量管理实践对创新绩效均有显著影响；林琳（2019）[17]等从系统整体视角出发，研究得出双元（利用性和探索性）质量管理实践的平衡维度和交互维度均正向影响企业创新绩效；孙卫（2021）[18]等也认为质量管理实践对企业创新绩效具有显著正向作用。

（二）质量管理对不同创新类型的影响研究

国内外学者在质量管理对不同创新类型的影响研究方面，包括文化创新、行政创新、过程创新、技术创新、管理创新、质量创新、绿色创新等创新类型，取得了一些研究成果。

国外研究：Santos - Vijande（2007）[19]、Kim（2012）[20]、Camisón（2016）[21]分别定量研究了质量管理实践对创新文化和行政创新、五种创新、过程创新的影响，均具有积极作用。Li Dayuan（2018）[22]利用上市公司数据以定量的方式研究企业质量管理对绿色技术创新的影响，发现显著抑制作用。

国内研究：李全喜（2011）[23]、宋沛（2015）[24]、张光明（2017）[25]分别应用结构方程模型研究发现质量管理对技术创新和管理创新、知识创新和质量文化、竞争优势和创新能力均具有正向影响。张颖（2021）[26]等发现全面质量管理实践对渐进创新有积极影响。

（三）质量管理模式对创新绩效的影响研究

国内外学者主要研究 ISO 9000、卓越绩效等质量管理模式对创新绩效的影响，并取得了一些研究成果。

国外研究：Kim（2015）[27]实证分析，发现 ISO 9000 水平对客户流程创新、供应商流程创新和信息技术具有积极的影响；Vujović（2017）[28]等使用普通最小二乘回归对黑山公司调查数据进行实证分析，发现 ISO 9000 认证对创新绩效有积极影响。

国内研究：余红伟（2016）[29]实证研究发现，单纯的质量管理模式差异并不会造成企业创新效率的不同，企业规模、劳动力素质、融资成本以及政府支持等因素起着完全中介作用；谭琳（2017）[30]采用同样的方法从类别与取向两个维度再次对不同质量管理模式下的企业进行创新效率评价与影响因素分析。

（四）相关因素对企业技术创新绩效影响

现有研究从内外部因素对企业创新绩效或效率的影响展开。①影响因素辨识：知识多样性和知识创造的能动过程（赵云辉，2014）[31]；团队学习能力、战略管理能力、资源控制能力、技术研究与开发能力等（陈战波，2015）[32]；企业文化、企业家精神、组织建设（杜楠，2018）[33]。②外部因素影响：知识双重网络异质性（薛捷，2015）[34]；外部资源（Hashai，2016）[35]；移民（Bolzani，2017）[36]；关系强度（黄艳，2017）[37]；科技金融政策（蔺鹏，2018）[38]等对企业绩效的影响。③内部因素影响：创新资本（Rahim，2011）[39]；高管团队（荣鹏飞，2014）[40]；CEO 权力（乔朋华，2015）[41]；学习导向和团队信任（葛晓永，2016）[42]；高管团队异质性（陶章，2018）[43]。

二、质量与企业创新融合的研究

国内外学者对质量管理与创新融合的研究较少，大多通过定性分析认为质量管理和创新之间可以有机结合，但如何融合、融合的概念模型是什么都没有相关研究。

国外研究：Prajogo（2001）[44]、João Carlos de Oliveira Matias（2011）[45]、Zeng（2015）[46]、Shan（2016）[47]都通过定性研究发现，质量管理和创新的结合可以提高生产企业的竞争优势和生产效率。Palm（2016）[48]通过案例和文献研究公共部门创新和质量管理实践的潜在整合，发现创新和质量管理可以并行处理，是相互加强而不是相互有害。Ruiz-Moreno（2016）[49]通过实证分析发现创新和质量管理的结合以及其他资源和能力使组织获得竞争优势并适应环境。

国内研究：李正权（1999）[50]最早提出全面质量创新的概念；梁欣如（2006）[51]认为建立在质量管理基础上的创新很大程度上是优化式渐进提升，而非突破性创新；王墨玉（2007）[52]实证分析发现全面质量管理与全面创新管理整合可以产生测量与开发的协同效应；单汨源（2010）[53]在卓越绩效模式理论研究基础上定性构建了企业持续创新机制框架模型；杨幽红（2019）[54]通过考察全面质量管理起源与发展、创新的概念与分类，分析全面质量管理与创新辩证关系，提出一个整合性概念框架，全面创新质量管理概念、特点和三个重要推力。

三、质量管理成熟度研究

质量管理成熟度最早由质量管理大师克劳斯比提出，无论是理论界还是工业界都在不断地探索，形成差异化的质量管理成熟度评价方式，如克劳斯比质量管理成熟度、麦肯锡质量管理成熟度、卓越绩效模式等（贾纯锋，2008；苏秦，2010）[55][56]。

国内方面：何桢（2008）[57]实证研究质量管理的13个影响因素，姜鹏（2009）[9]研究了中美质量管理实践模型的一致性与特殊性，史丽萍（2015）[58]构建了企业质量管理成熟度评价的六大指标体系，张公一（2016）[59]建立服务业精益六西格玛质量管理评价体系。

国外方面：Treleven（2000）[60]以Crosby质量管理成熟度为基础对美国制造企业进行全国调查，Martins（2010）[61]发现美国卓越绩效模型（BNQA）对企业绩效有重要影响，Pasalodos（2011）[62]创建了更符合工业环境领域的质量成熟度评价模型，Xiao（2013）[63]根据Crosby成熟度模型和ISO 9004及BNQA卓越绩效标准设计上海市企业质量管理成熟度评价的标准，Aranda（2015）[64]根据欧洲EFQM评价准则提出了质量管理成熟度评价体系。

四、质量管理对创新影响的调节变量研究

根据已有的文献进行分类，发现质量管理对创新的调节变量可以分为外部调节因素和内部调节因素。企业的生存和发展离不开外界的影响，学者们在进行模型设计时，往往会将企业的规模、行业等设为控制变量，保证模型的合理性。

全面质量管理与创新之间的关系研究较多，但考虑到以外界环境在质量管理和创新之间影响机制的调节作用的研究比较少，Santos－Vijande（2007）[65]研究了不同的市场动荡条件，发现全面质量管理对企业创新文

化的贡献及其对技术创新和行政组织领域的整体创新工作的影响有显著差异；孙卫（2021）[18]将市场竞争强度作为调节变量，发现市场竞争强度在不同质量管理实践划分与企业不同创新类型的影响关系中存在不同的调节效果；曾珍（2017）[66]研究政府质量奖这一制度因素对质量管理实践与企业绩效的调节效应，发现质量管理实践各因子对企业绩效存在显著正向影响，领导支持对企业绩效影响最为显著且政府质量奖作为调节变量效应显著。

以内部调节因素分类的研究相对丰富，可以发现有学者从企业管理行为、组织背景因素、技术战略导向等角度研究质量管理实践对创新的影响。Wen（2011）[67]在研究质量实践和跨职能合作对创新的影响时提出管理人员需要努力减轻 ISO 9000 粘性标准化程序扼杀员工创造力的可能性，同时得出通过知识整合机制以及加强跨职能合作可以增强质量管理对产品创新的影响。Zeng（2017）[6]考虑了组织背景（权力集中和功能集成）的影响因素，发现两个质量管理维度（硬质量和软质量）分别调节了语境因素对创新绩效的影响，其中权力集中促进了质量管理的实施却阻碍了软质量管理，而功能的高度集成有利于硬质量管理和软质量管理。Zeng（2015）[68]进一步探索质量与创新之间的直接和间接关系，研究了企业的质量绩效在质量管理实践与创新绩效之间的调节关系，发现软硬质量管理对质量绩效产生影响，质量绩效对创新绩效产生影响。

除了调节作用，许多研究关注的是其他相关因素对技术创新的中介效应。Song（2013）[69]发现质量管理实践通过研发能力的中介效应对创新产生了重大的积极影响，同时发现了研发创新积极影响企业绩效。Camisón（2016）[21]分析得出质量管理活动通过影响企业的动态能力对过程创新产生正向影响。余红伟（2016）[29]发现企业规模、劳动力素质、融资成本以及政府支持等因素在质量管理模式与企业创新绩效的关系中起着完全中介作用。孙卫（2021）[18]发现质量管理实践通过资源禀赋的正向中介作用和组织惯性的负向作用分别影响企业创新绩效。周锋（2021）[4]引入吸收能力作为中介调节变量，基于实际吸收能力和潜在吸收能力的调节作用，发现实际吸收能力具有部分中介效应，潜在吸收能力在基础质量管理实践与创新绩效中有显著正向调节作用，但在核心质量管理实践中起反向调节作用。施国洪（2019）[70]发现知识转移在基础实践和创新绩效之间起部分中介作用。之后韩磊（2020）[71]进一步发现知识转移对企业创新有积极作用，且在质量管理、环境管理与企业创新之间发挥中介作用。林琳（2019）[17]从系统整体视角出发，发现效果推理正向调节平衡维度和交互维度对创新绩效的影响。奉小斌（2015）[72]以组织学习为中介变量，证明质量管理柔性实践、硬性实践不仅对企业创新绩效有显著正向作用，而且两者的交互项显著影响企业创新绩效。

五、企业生命周期相关研究

20 世纪 50 年代，Hairc（1959）[72]首先提出使用“生命周期”这个概念来看待企业的发展，他认为与生物有机体一样，企业也存在着由生到死且显而易见的周期现象。企业生命周期理论实质上是一种企业成长的阶段性特征的生态模拟，具有共同特征的发展时期被称为企业的成长阶段或者生命周期阶段，呈现“出生—成长—衰老—死亡”的普遍规律。但与自然生物不同的是，企业的某些生命周期阶段是可逆的，通过自我更新，企业可以实现“延缓衰老”甚至“返老还童”[74]。

（一）企业生命周期阶段

关于企业生命周期研究，最为经典的是 Adize（1989）[74]在《企业生命周期：企业成长与死亡的原因及对策》一书中系统研究了企业生命周期理论，他认为企业生命周期变化的实质是“灵活性”和“可控性”这两大因素水平的变化，将企业的生命周期分成孕育期、婴儿期、学步期、青春期、盛年期、稳定期、贵族期、官僚前期、官僚期与死亡期 10 个阶段。不同学者将生命周期划分为不同阶段，如：种子期、创业期、成长发展期、成熟蜕变期四个阶段[76]；初创阶段、学习和稳定阶段、快速发展阶段、成熟阶段四个阶段（高松，2011）[78]；种子期、萌芽期、成长期、成熟期、衰退期五个阶段（高松，2012）[79]；成长期和成熟期两个阶段（Dickinson，2006；佘谦，2018）[80][81]。

应当采取哪种指标进行企业生命周期划分，已有研究并未得出一致的结论，但采用多个指标综合的方式进行划分是较为常见的方式。本书在调查问卷中，从产品规模、业务增长方式、组织正式化程度和企业面临的主要问题 4 个方面对研究对象所处的生命周期阶段进行了综合划分，将其划分为初创期、成长期、成熟期和再生期 4 个阶段。

（二）企业生命周期的影响

企业生命周期理论认为，发展阶段不同会影响组织在战略选择、经营活动和管理方式等方面的差异性。Kafetzopoulos（2015）[76]、Kim（2012）[20]认为在企业生命周期的不同阶段，管理模式、绩效和研发效率等都有显著的差异，这一差异影响着企业技术创新的水平。范群林[82]、谢赤[83]、姚平[86]的研究，都从不同角度反映了技术创新受到企业生命周期的影响。

范群林（2017）等研究发现影响创新绩效的技术创新会随着产业生命周期的变化发生巨大变化。谢赤（2017）等通过实证研究技术创新与权益资本成本的关系发现，企业的权益资本成本随时间的推移在企业各生命周期有不同的变化趋势。王小燕（2019）[83]研究发现成长期和成熟期企业在金融科技驱动下有着明显的技术创新驱动效果，而金融科技支持衰退期企业只能导致“创新泡沫”。杜金岷（2019）[84]发现初创期和成熟期的企业在股票高流动性刺激下更容易展现出显著的创新驱动效应。

六、文献评述

（一）质量管理与企业创新方面

对国内外学者在质量管理与企业创新关系方面、质量管理成熟度、企业创新等方面的研究文献进行归纳总结，大多数学者通过实证发现质量管理对创新有积极影响。在创新行为上，质量管理实践可以正向影响技术创新，但对管理创新可能缺乏直接的影响关系；在创新对象上，可以看到质量管理实践既有可能促进产品和过程创新，也有可能阻碍产品的创新绩效（宋永涛[15]，2016）。学者对于质量管理活动对创新影响的争议主要在于质量管理实践在一定程度上对企业的激进型创新带来负面影响，但由于只是采用定性的推理，没有相应的测量方法和实证性研究，故其可信度也有一定的争议。从 Moreno-Luzon（2013）[86]的研究可以看出，随着质量管理理论的不断丰富，以及在实施质量管理的不同情境下，质量管理实践也可能为企业带来突破性创新。在质量管理对创新绩效的影响研究上，Wang（2014）[3]认为创新能力与高科技企业质量管理之间存在倒 U 型关系，并且外部的质量管理实践可以增强内部创新绩效。Long（2015）[87]提出全面质量管理对包含客户关注、领导力、流程管理、战略规划和人员管理在内的五个测量实践的创新绩效存在正向积极的影响。Bourke（2017）[5]从软质量和硬质量两个维度研究质量管理实践对企业创新结果的影响，研究表明短期内质量管理实践会影响企业的创新能力，长期质量管理实践可以提高企业的创新绩效。在动态竞争的环境下，质量管理与创新需要再次考察，国内外学者从多个角度分析了质量管理对创新的直接和间接影响，由于研究角度不同，得出质量管理与创新之间影响关系的结论也有一定的差异，部分学者认为质量管理与创新间是正向的影响关系，而另一些学者认为质量管理会使企业过于保守，与创新所需的非线性思维相违背，缺乏创新活力，持两者间是负向影响关系的态度。尽管学者在研究上仍存在争议，没有确切的定论，但是不难看出质量管理与创新之间的影响关系是不言而喻的，存在着非常紧密的联系。国内外学者对质量管理与企业创新关系、质量管理成熟度、企业创新等方面进行了多角度的研究，但鲜见以企业为研究对象，并以质量管理成熟度为视角研究质量管理与企业技术创新关系的研究。

通过以上的研究发现现有研究存在以下问题：

（1）现有研究仅涉及部分质量管理实践对企业创新的影响，尚未从本土化、更系统的质量管理成熟性视角研究企业创新机制问题，更未将质量管理作为企业创新的影响要素进行研究。

（2）现有研究大都定性认为质量管理与企业创新可以协同，尚缺乏质量管理与企业创新协同的定量研究，更未形成质量管理与企业技术创新协同的理论化框架。

（3）现有研究大都尚未形成针对企业的质量管理成熟度评价模型及相应量表，并未考虑我国企业创新特征、质量管理实际等情景要素。

（二）质量管理与创新耦合方面

学者已从不同的角度对质量管理与创新间的影响进行了较为系统全面的分析，证明了质量管理与创新各自系统内部体现了良好的耦合性，且两者间存在着非常紧密的影响。但是对质量管理与创新相互作用机制的研究，大多是直接定性，或在定量分析质量管理与创新关系后提出定性的两者可以结合的结论和建议，缺乏直接的实证分析，也没有形成理论和体系上的成果。因此，在对质量管理与创新的关系研究中应加强以下几个方面的研究：

（1）深度剖析质量管理与创新的耦合协调发展机制。以推行质量管理和追求创新的企业为研究基础，通过质量管理与创新在发展过程中的关联，探索质量管理与创新耦合协调发展不同阶段的特征和影响因素，从而解析质量管理与创新在整个发展演化过程中的耦合机制，为企业实现质量管理与创新的耦合协调发展提供理论依据。

（2）深入探索质量管理与创新的耦合协调发展的实现模式。以提高企业质量管理与创新耦合协调度为出发点，以行业为基础，研究不同行业质量管理和创新管理的实施模式，并从时间的维度剖析不同行业质量管理与创新耦合协调发展的不同实现模式。

（3）实证分析质量管理与创新的耦合效应。通过剖析质量管理与创新的耦合协调发展机制并探索实现模式，形成质量管理与创新相互作用机制的理论体系，在此基础上，进一步分析质量管理与创新耦合效应，为企业实现质量管理与创新的耦合协调发展带来绩效的提升提供实证支持。

第三节 研究方法、内容及技术路线

一、研究方法

考虑到项目各研究内容的特点，本书综合运用质量管理、卓越绩效模式、企业创新、协同学、企业生命周期、系统理论、结构方程模型、统计分析、文献研究等理论和方法展开研究，使得管理技术与工程技术紧密结合，保证研究方法的科学性与合理性。

（1）文献研究法。采用文献研究法对质量管理、技术创新等的文献进行梳理、归纳和总结，发现目前研究的不足，确定研究主题和框架，确定因素变量，提出研究假设，开发量表等。

（2）结构方程模型。利用结构方程模型方法，建立、估计和检验概念模型，进行验证性因子分析、中介效应检验、模型路径分析，验证分析三大变量间相互关系及调节变量的调节作用。

（3）问卷调查法。以导入卓越绩效模式的北京市企业为调查对象，设计科学的调查问卷，进行较大规模的问卷调查，以检验理论假设。

（4）统计分析法。依据问卷调查的数据，以 SPSS 软件为分析工具，采用结构方程建模技术和多元线性回归分析的方法进行统计分析。主要包括描述性统计分析、信度分析、效度分析、探索性因子分析、方差分析、相关分析、回归分析等。

（5）访谈研究法。通过小规模访谈，对已有量表的变量进行补充与完善；对没有成熟量表的变量，则在大量搜集文献资料的基础上通过访谈内容开发出新的量表。

（6）耦合学评价方法。借用物理学耦合知识建立全面质量管理与技术创新的过程耦合评价模型，导入收集的问卷数据，计算全面质量管理与技术创新的过程耦合协调度。

二、研究内容

本课题以北京市企业为研究对象，构建“质量管理成熟性—企业技术创新过程—企业技术创新绩效”初始结构概念模型，以“企业生命周期”作为调节变量，基于结构方程模型、耦合协调度评价模型等方法，对质量管理成熟性和企业技术创新的关系、企业生命周期差异的调节作用、质量管理与技术创新的协同耦合性进行实证研究，构建企业全面质量创新体系框架并提出协同策略。

（一）全面质量管理对企业技术创新影响机制研究

以本土化的卓越绩效模式为指导，对企业质量管理成熟性要素进行界定，将“领导、战略、顾客与市场、资源、过程管理、测量分析与改进”作为关键要素，并进行因素构念的区分探讨及具体衡量变量设计；借鉴我国 GB/Z 19579《卓越绩效评价准则实施指南》中的“过程—结果”模型及相关技术创新的理论研究，将“企业创新过程、企业创新绩效”作为关键要素，并将“渐进式创新过程、突破式创新过程”两种具有较大差异性的技术创新过程作为企业创新过程的关键要素，进行因素构念的区分探讨及具体衡量变量设计；构建“质量管理成熟性—技术创新过程—技术创新绩效”的概念模型；选择 200 家北京市企业为问卷调查对象，运用结构方程模型，确定质量管理成熟性对企业技术创新的影响路径和影响系数。

（二）企业生命周期的不同阶段全面质量管理实践对技术创新影响的研究

以北京市 292 家企业作为问卷调查对象，以企业生命周期为调节变量，利用 Amos17.0 建立了结构方程模型，研究企业生命周期的不同阶段全面质量管理实践对技术创新的影响，分析企业生命周期四个阶段（初创期、成长期、成熟期、再生期）差异化的调节作用，得出不同企业生命周期阶段全面质量管理的重点对策，以促进企业技术创新。

（三）全面质量管理与技术创新的协同耦合性研究

从过程的角度切入，认为全面质量管理过程与技术创新过程均为PDCA的循环改进过程，并基于已有的理论和研究成果，深入剖析全面质量管理与技术创新的过程耦合机理，构建协同耦合关系概念模型；建立全面质量管理与技术创新的过程耦合评价指标体系及协调度评价模型；根据耦合评价指标体系设计调查问卷，运用SPSS对5个不同行业（电子行业、制药行业、汽车行业、食品行业、机械制造）的210家企业的问卷调查数据进行分析，验证全面质量管理与技术创新的过程耦合性，并为企业追求质量管理与创新的耦合协同效应提出建议。

三、技术路线

质量管理和创新都是企业持续发展的关键，但两者的关系在理论研究中仍具争议，实践中往往割裂看待，如何以质量管理为基础持续提升企业技术创新水平是一个亟待解决的科学问题。本书以本土化的卓越绩效模式为基础，以质量管理成熟性为全新视角，应用结构方程模型、统计分析等方法，深入研究全面质量管理对企业技术创新影响机制及协同策略问题。构建“质量管理成熟性—技术创新过程—技术创新绩效”的概念模型；选择200多家北京市企业为问卷调查对象，确定全面质量管理对企业技术创新的影响路径和影响系数；深入分析企业生命周期的调节作用；从过程视角提炼质量管理与技术创新的协同要素，建立基于PDCA的企业全面质量创新体系框架，研究质量管理与技术创新的协同耦合性。具体技术路线图见图1-1。

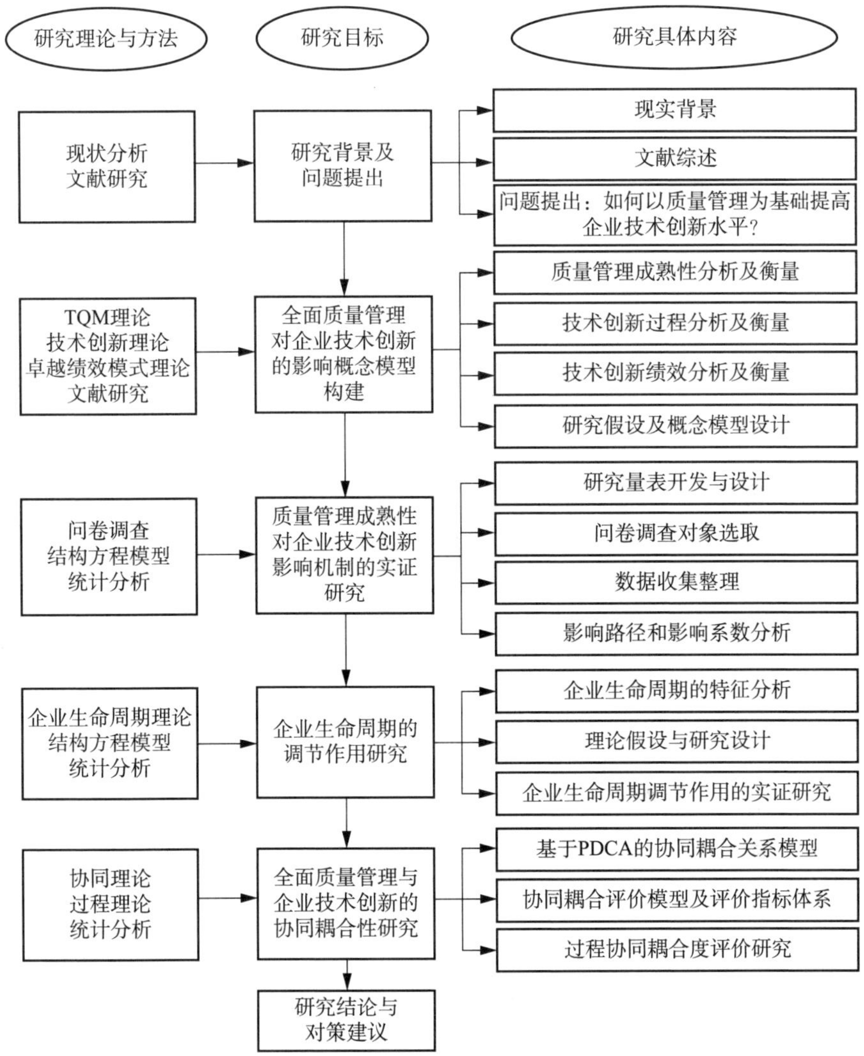
研究理论与方法
研究目标
研究具体内容
现状分析
文献研究
研究背景及
问题提出
现实背景
文献综述
问题提出：如何以质量管理为基础提高企业技术创新水平？
TQM理论
技术创新理论
卓越绩效模式理论
文献研究
全面质量管理
对企业技术创新
的影响概念模型
构建
质量管理成熟性分析及衡量
技术创新过程分析及衡量
技术创新绩效分析及衡量
研究假设及概念模型设计
问卷调查
结构方程模型
统计分析
质量管理成熟性
对企业技术创新
影响机制的实证
研究
研究量表开发与设计
问卷调查对象选取
数据收集整理
影响路径和影响系数分析
企业生命周期理论
结构方程模型
统计分析
企业生命周期的
调节作用研究
企业生命周期的特征分析
理论假设与研究设计
企业生命周期调节作用的实证研究
协同理论
过程理论
统计分析
全面质量管理与
企业技术创新的
协同耦合性研究
基于PDCA的协同耦合关系模型
协同耦合评价模型及评价指标体系
过程协同耦合度评价研究
研究结论与
对策建议

图 1-1　技术路线图

第二章
理论基础

第一节 全面质量管理相关理论

美国著名质量管理专家约瑟夫·M. 朱兰（Joseph M. Juran）在第48届美国质量管理学会年会上指出20世纪以“生产率的世纪”载入史册，未来的世纪将是“质量的世纪”[90]。伴随着全球经济一体化的发展，国际市场的竞争日趋激烈，与时间和成本一样，质量已成为企业生存与发展的主要制胜因素。广泛应用国内外先进的质量方法和质量技术对于企业改进产品质量、提高产品竞争力具有重要意义。

一、质量的概念

质量是一个多维的概念，最初仅用于产品方面，Crosby（1979）[89]定义质量这个概念为符合使用要求，Juran（1986）[91]以顾客的视角将质量的概念定义为产品在适用性、设计、一致性、可用性、安全性和实际使用等方面有着良好的表现，满足顾客的要求，Garvin（1987）[91]针对质量的概念从八个维度进行了描述，分别是性能、特性、可靠、一致、耐久、可服务性、美观和感知。直到近代，质量的概念已经逐步扩展到了服务、过程、体系和组织等方面。埃文斯（2004）[93]用六个不同的观点定义质量：超凡、产品、价值、用户、生产和客户。

ISO 9000-2015《质量管理体系基础和术语》[93]中给质量下了如下定义：“客体一组固有特性满足要求的程度。”也就是指产品、体系和过程的一组固有特性满足顾客和其他相关方要求的能力。理解这一概念，关键在于把握“客体”“特性”和“要求”这三个要素。

(1) 客体，是指可感知或可想象到的任何事物。客体就是质量所描述的对象，是质量的载体，它可以是物质的（如一台发动机）、非物质的（如一个项目计划）或想象的（如组织未来的状态）。产品、服务、过程、人员、组织、体系资源等，都是大家经常研究和关注的客体。

（2）特性，是指事物可以区分的特征。特性可分为固有特性和赋予特性。固有特性存在于客体中，意味着本身就具有的，如客体的性能感官特性、功能特性等。赋予特性是人们赋予客体的，不是客体的质量特性，如客体的价格等。研究客体的质量，必须了解客体的各种固有特性，一般将其称为质量特性。

（3）要求，是指明示的、通常隐含的或必须履行的需求或期望。明示的要求，是指合同等文件中规定或者顾客明确提出的要求，如产品购销合同中对于产品性能的规定、执行什么验收标准等；通常隐含的要求，是指作为一种惯例或者常识，应当具有的、不言而喻的要求，如银行对客户信息的保密性，即使客户没有明示，银行也应该遵循；必须履行的要求，是指“法律法规的要求”，该类要求通过法律法规或强制性标准的形式给予明确，如食品的卫生、电器的安全等。要求可以由不同的相关方提出，如顾客、股东、员工供应商、合作伙伴等。在研究客体的质量时，必须识别各种相关的要求。

综上所述，质量是客体的一组固有特性，满足顾客或其他相关方明示的、通常隐含的或必须履行的需求和期望的程度。质量的程度，可以使用形容词来修饰，如差、好、优秀等。满足要求的程度高，质量水平就高，反之质量水平就低。从这个概念中可以认识到，针对每一种客体，顾客等相关方的要求是会动态变化的，这就需要确保固有特性不断满足要求的变化，才能具有好的质量。

“质量”一词并非可用单一的术语来表示，为了表达这些含义，也可使用恰当的形容词，如相对质量、质量水平和质量度量。相对质量表示实体的优良程度在比较意义上按相对的基准排序，质量水平和质量度量在定量意义上进行精确的技术评价。

质量概念中的客体早期局限于产品，随着科学技术的发展和需求的不断变化，后来逐渐拓展到服务，以及过程和管理体系等。对待质量的观点也在发展变化，大致经历了符合性质量、适用性质量和广义质量的演变历程，ISO 9000-2015 标准的“质量”定义就是广义质量的概念。

（一）符合性质量

“符合性质量”，是指质量符合规范或要求。质量管理专家克劳斯比是其主要代表人物之一。他认为质量并不意味着卓越或者优秀，谈论质量只有相对于特定的规范或要求才有意义。这里的规范或要求，涉及国际标准、国家标准、行业或者地方标准、团体标准、企业标准、明示的顾客要求等。合乎规范意味着具有了质量，不合乎规范自然就是缺乏质量。

毋庸置疑，质量的基础必须是符合规范或要求。这种“合格即质量”的认识对于质量检验、质量控制等具体工作具有实用性，但其局限性也显而易见，它是一种静态的质量观，难以全面反映顾客的要求，特别是隐含的需求和期望。仅仅强调规范、强调合格，难免会忽略顾客需求的变化，忽略企业存在的真正目的和使命，从而犯下本末倒置的错误。

（二）适用性质量

“适用性质量”，是指“产品在使用时能够成功地满足顾客要求”。适用性质量最早由美国质量管理专家朱兰提出。适用性质量概念适用于一切产品或服务。对顾客来说，质量就是适用性，而不是“符合规范”。适用性质量判断的依据是顾客的要求，顾客要求包括生理、心理和伦理等方面，适用性质量的内涵也在不断地拓展和丰富。

适用性质量概念清楚地表明质量的评判权在顾客，明确指出质量工作的核心是在产品使用全过程、服务提供全过程中满足顾客的要求。这对于促进组织重视顾客要求、为顾客创造价值、明确企业存在的根本目的和使命无疑具有深远的意义。相比符合性质量依据规范或标准进行评判的客观角度，适用性质量是一种以顾客为中心的主观质量观。

（三）广义质量

20 世纪 80 年代后，人们对于质量的认识变得更加深入和广泛。站在顾客的角度，质量意味着产品或服务能够满足他们的需要，此外，质量还意味着不出故障，或发生故障时良好的顾客服务。与此同时，因为社会可持续发展的需要，质量还应具有对社会、环境长期无害的特征，要综合满足多相关方的要求。进入 21 世纪，质量就是“适合目的性”，逐渐成为全世界的共识。2015 版 ISO 9000 标准将质量定义为“客体的一组固有特性满足要求的程度”，也体现了这种认识。实质上，好的质量不仅要符合技术标准的要求（符合性），同时要满足顾客的要求（适用性）和所有相关方的要求，如社会的要求（环境、资源公共卫生等）、员工的要求（健康安全等）。质量评价的对象（即客体）也从产品扩展到服务、过程、体系等方面。所以，这种质量观是一种广义的质量观，或称“大质量”观。

二、质量管理的概念

根据 ISO 9001-2015 标准的定义，“质量管理”是“关于质量的指挥和控制组织的协调的活动”，它“包括制定质量方针和质量目标，为实现质量目标实施的质量策划、质量控制、质量保证和质量改进等活动”。这个定义明确了质量管理的活动，包括制定质量方针和质量目标、质量策划、质量控制、质量保证、质量改进等。

（1）质量方针是由最高管理者正式发布的关于质量的组织宗旨和方向，是组织在一定时期内在质量方面的行动纲领，是组织经营方针的重要组成部分。通常，质量方针与组织的总方针相一致，可以与组织的使命和愿景相一致，并为制定质量目标提供框架。质量方针应具有相对的稳定性，同时也必须为适应组织内外部环境变化进行及时修订。

（2）质量目标是关于质量要实现的结果，是动员和组织员工实现组织质量方针的具体体现，是组织经营目标的重要组成部分。目标可以是战略的、战术的或操作层面的。通常，组织应对相关职能层级和过程分别制定质量目标。质量目标应是可测量的，以利于评价和改进。质量目标应切实可行，并具有挑战性。质量目标的制定实施和评价应随着组织内外部环境的变化而不断进行。

（3）质量策划是质量管理的一部分，致力于制定质量目标并规定必要的运行过程和相关资源以实现质量目标。凡事预则立，质量策划是制定质量目标、规定必要过程和配置相关资源的一项系统性活动。制定质量目标的关键，是要确保在质量方面能有效支撑组织的目标；而策划运行过程的关键，是要确保过程要求能支撑质量目标。质量策划和质量计划是有区别的，质量策划强调一系列活动的谋划过程，而质量计划是质量策划的输出，是质量策划结果的一种表现形式。

（4）质量控制是质量管理的一部分，致力于满足质量要求。质量控制的目的是确保产品、过程、体系的固有特性达到规定的要求。质量控制围绕着规定的质量标准（目标）使质量形成过程保持受控状态，通过在质量形成的各个环节中对质量的影响因素（如生产过程中的“5M1E”，即人、机、料、法、测、环）进行控制，实现其规定要求。随着质量要求的不断变化，质量控制的内容和方法也具有动态性，应不断完善和改进。

（5）质量保证是质量管理的一部分，致力于提供质量要求会得到满足的信任。质量保证不能混同于“保证质量”，保证质量属于质量控制的范畴，而质量保证的核心是向有关方面提供足够的信任。质量保证可以分为内部质量保证和外部质量保证，内部质量保证是向组织的管理者提供信任，使其确认组织的质量管理体系有效运行；外部质量保证主要是向顾客提供信任，显示组织具备持续满足顾客要求的能力。质量保证的方式可以是：组织的合格声明、体系或产品的合格证据、外部审核的合格结论或者是认证机构提供的认证证书等。

（6）质量改进是质量管理的一部分，致力于增强满足质量要求的能力。质量改进是在现有基础上的提高和创新，其目的在于增强组织满足质量要求的能力，质量要求可以是有关任何方面的，如效果、时效性、效率或可追溯性。由于质量要求涉及各个方面，因此质量改进的对象、途径和方法也不尽相同。一般而言，质量改进应进行必要的策划，确定拟改进的项目，制订实施计划，采取相应的措施，并进行改进效果评价。

在实际工作中，组织运营还包括生产、营销、财务、供应链等管理过程。这些管理过程本身都需要质量活动，其工作目标包含向顾客提供满意的产品和服务。因此，质量管理是各项管理活动的重要构成内容，质量管理也只有与其他管理活动融为一体，才能实现自身目标。

三、现代质量管理发展历程

质量是一个永恒的概念，人类社会的质量活动可以追溯到远古时代。资产阶级工业革命后，机器工业生产取代了手工作坊式生产，质量管理也得到了迅速发展，产生了现代意义上的质量管理。根据解决质量问题的手段和方式不同，一般可以将现代质量管理分为质量检验、统计质量控制和全面质量管理三个阶段。

（一）质量检验阶段

质量检验阶段主要是通过检验的方式来控制和保证产出或转入下道工序的产品质量。手工业时代产品大多是以作坊式的方式生产出来的，产品的质量主要取决于工匠个人的经验和技能。18 世纪末工业革命后到 20 世纪初期，伴随着机器和机器体系的广泛采用，工厂制度开始逐步确立。

进入 20 世纪，随着社会生产模式进入工业化，对于质量的把控也更为严格，但人们对质量管理的理解仅仅是依据一定标准对产品质量的检验。1875 年，泰罗（Taylor）[94]创建科学管理理论，提出按照职能的不同进行合理的分工，首次将质量检验作为一项管理职能从生产过程中分离出去，建立质量检验制度，强调工长在保证质量方面的作用。随着组织规模的扩大，分工和专业化程度的提高，这一职能又由工长转移给专职的质量检验人员。质量检验人员根据技术标准，利用各种测试手段，对零部件和成品进行检查，做出合格与否的判断，不允许不合格品进入下道工序或出厂，起到了把关的作用。

由于这一阶段的质量管理仅限于质量检查，是对产品的事后把关、全样本检验，因此无法起到预防和控制质量的作用，检验成本高。在工业化大批量生产时，质量检查已经难以满足企业的质量要求，对事前控制与预防、小样本检验的需求逐渐显露。1924 年，休哈特提出运用数理统计方法对产品进行小样本检验，保持检验结果准确的同时，降低检验成本。他还将控制和预防缺陷的概念引入质量管理，于是质量管理进入到统计质量控制阶段。

（二）统计质量控制阶段

早期的质量检验主要是在产品制造出来之后进行，其实质是事后把关。在大批量生产的情况下，由于检验信息反馈的滞后性造成了巨大的生产损失，因而萌发了“预防”的思想。20 世纪初期，统计科学有了长足发展。美国贝尔实验室成立了产品控制组和过程控制组两个课题小组，研究运用统计技术进行质量管理。产品控制组的道奇（Dodge）和罗米格（Romig）于 20 世纪 30 年代提出抽样检验理论，并设计了实际使用的“抽样检验表”，解决了全数检验和破坏性检验在应用中的困难。过程控制组的休哈特（Shewhart）提出了统计过程控制（SPC）理论和监控过程的工具—控制图，为统计质量控制阶段的到来奠定了理论基础。

统计质量控制阶段的开始是在 20 世纪 40 年代，第二次世界大战时军需品的质量对战争至关重要，而由于炮弹炸膛等事故的频繁出现已经影响到战争局面，质量检验已经不能满足美国的需要，因此美国组织了包括休哈特在内的数位专家，运用数理统计方法预防和控制国防工业的军需品的质量，产生了显著效果。此后不仅军用产业继续采用统计质量管理，许多民用产业也开始应用，其他国家如日本、法国、意大利、瑞典、比利时、德国等也先后开展统计质量管理活动。

统计质量控制阶段的质量管理强调“用数据说话”，强调应用统计方法进行科学管理。通过运用统计方法对工序进行分析，及时发现生产过程中的异常情况，确定产生缺陷的原因，迅速采取对策加以消除，使工序保持在稳定状态。统计质量控制阶段使质量管理从事后把关转向了事先预防，质量管理的职能也由专职检验人员扩展到专业的质量控制工程师。第二次世界大战后，戴明被日本邀请讲授统计质量控制，有效推广了质量控制理论和工具方法的应用，对日本制造业产生了巨大影响。虽然统计质量管理是结合过程控制预防废品发生与事后检验，但是统计质量管理还是存在着不足，它过分强调质量控制的统计方法，使人们误认为“质量管理就是统计方法”，“质量管理是统计专家的事”，因此限制了统计质量管理的推广与应用。

（三）全面质量管理阶段

统计质量控制的应用减少了不合格品的产生，降低了生产费用。但是现代化大规模生产十分复杂，影响产品质量的因素多种多样，单纯依靠统计方法不可能解决所有质量问题。随着大规模复杂系统的涌现和系统科学的发展，质量管理也走上系统工程的道路。20 世纪 50 年代后，生产力水平迅速提高，科技发展日新月异，出现一批如火箭、宇宙飞船、人造卫星等需要高安全性、高可靠性的技术密集型产品与大型复杂产品。这就要求人们运用“系统工程”的概念，把质量问题作为一个有机整体加以综合分析和研究，实施全员、全过程、全企业的管理。仅靠质量检验和运用统计方法难以满足质量控制的要求，从而推动“全面质量管理”理论的形成。质量管理大师朱兰曾预言：“21 世纪是质量的世纪。”企业想要在市场中获取收益，保持自身持续稳定地发展，就必须追求产品质量，增强企业的核心竞争力。

为此，世界各国的企业和学者进行了诸多尝试，其中，最为公认有效的方法之一便是引入全面质量管理（Total Quality Management）。1956 年，质量管理专家费根堡姆（Feigenbaum）首先提出“全面质量管理”的概念。费根堡姆认为，解决质量问题不能只局限于制造过程，解决质量问题的手段也不能局限于统计方法，必须结合企业的各种流程和职能，建立一套质量管理的工作系统。由于把质量管理的着眼点从生产加工扩大到组织管理的全部流程和职能，质量管理逐步发展到全面质量管理阶段。费根堡姆于 1961 年在其《全面质量管理》[96]一书中完整地介绍了全面质量管理的概念："全面质量管理是为了能够在最经济的水平上，并考虑到充分满足用户要求的条件下进行市场研究、设计生产和服务，把企业内各业务部门研制质量、维持质量和提高质量的活动构成为一体的有效体系。"费根堡姆认为，为了生产具有合理成本和较高质量的产品，只注意个别部门的活动是不够的，需要对覆盖所有职能部门的质量活动进行策划，质量管理应贯穿于产品产生、形成和实现的全过程。费根堡姆的全面质量管理观点在世界范围内得到了广泛认同，同时各个国家在实践中都结合自身实际进行了创新，且全面质量管理不断地发展深化，出现了许多新的质量管理模式和方法，如 ISO 9001 质量管理体系、卓越绩效管理、六西格玛管理、精益管理、QC 小组活动等。然而，不论名称是什么，都可视为是全面质量管理在发展。演进中的组成部分或表现形式存在一脉相承和相融相通的关系。

国际标准化组织于 1987 年 3 月正式颁布的 ISO 9000 系列标准中也对全面质量管理进行了定义，也即本书所采用的概念：企业以质量为中心，以全员参与为基础，通过让顾客满意和本组织所有成员及社会受益而达到长期成功的一个管理途径。全面质量管理倡导企业"全员、全过程、全方位"地开展质量管理，通过鼓励组织综合应用各种先进、适宜的质量管理方法来提升产品质量、提高产品效益，实现企业的可持续发展。

综上所述，20 世纪质量管理发展的三个阶段的本质区别是：质量检验阶段依靠事后把关，是一种防守型的质量管理；统计质量控制阶段主要在生产过程中实施控制，通过控制原因而实现预期的目标，是一种预防性的质量管理；全面质量管理以满足顾客的要求为目标，对产品生命周期的整个过程实施管理，是全攻全守型的质量管理。随着新技术革命的兴起、知识经济时代的到来，人们对质量的认识将更加完善，解决质量问题的方法和手段也将更加丰富，质量管理的创新和融合必将继续促进质量的不断提高。

四、全面质量管理

（一）全面质量管理的含义

费根堡姆最先提出全面质量管理的概念，他认为全面质量管理是为了能够在最经济的水平上，在充分满足用户要求的条件下进行市场研究、设计、生产和服务，把企业内各部门形成质量、维持质量和提高质量的活动融为一体的有效体系。ISO 8402[97]对全面质量管理的定义是：一个组织以质量为中心，以全员参与为基础，目的在于通过让顾客满意和本组织所有成员及社会受益而达到长期成功的管理途径。科恩[98]从全面质量管理的名称来分析全面质量管理的内涵，其中，“全面”是指质量管理的实践涉及各个方面，如质量需求的定义、质量现状的评估、质量的改进等；“质量”是指其工作的目的，要超过用户对于质量的期望；“管理”是指通过建立相关的规章制度、策略方法，并组织质量管理主体对质量管理对象进行实际操作。Li（2008）[99]认为全面质量要求组织在每项活动、每项职能、每项过程中持续地寻求改进，它是一种关注过程改进的思想，强调全员参与、高层领导作用等，质量管理可以为企业信息化实施提供规范和管理基础。此概念的提出引发了世界各国学者的关注和研究，使全面质量管理的思想、理论和实践方法不断完善和丰富。

全面质量管理的主要思想是[101]：第一，以预防为主，在全面质量管理活动中，把传统“事后把关”的质量管理思路转变为“事前预防”，以主动积极的管理思路和方法落实在质量管理活动中。第二，为用户服务，在产品质量管理研究中，为用户服务主要分为两类。首先是外部用户，即以满足产品的终端用户需求为导向来提高产品质量；其次是内部用户，即上一道产品工序为下一道产品工序服务。第三，以事实和数据为基础，运用科学的数据分析思想对产品的特性加以量化分析，能够及时有效地反映真实情况。第四，坚持持续改进的思想，产品的质量管理过程是一个持续循环的过程，需要对质量管理活动进行不断改进，同时参与者的质量管理意识需要不断提高。关于全面质量管理的含义还有很多种解读，如石川馨（Taguchi）（1986）[101]结合日本质量管理实践现状，将全面质量管理描述为全公司的质量控制，并认为整个公司从管理人员到全体职工都要参与质量管理，质量管理的概念和方法要用于原材料进场、生产、新产品设计、销售、人事劳动管理等问题的解决。Dale（1997）[103]认为全面质量管理是一种全面的管理理念，包括组织的所有方面，并涉及其整个员工以及客户和供应商。

为了使全面质量管理实践更好地为世界各国企业所导入和运用，国际标准化组织于 1987 年 3 月正式颁布了 ISO 9000 系列标准，对全面质量管理进行定义。从过程的角度来看，全面质量管理是一个不断循环改进的过程，结合 PDCA 循环理论并参考《朱兰质量手册》[104]总结出全面质量管理过程的四个阶段：质量策划、质量控制、质量保证、质量改进。通过全面质量管理过程链条从产品或服务的质量策划阶段、质量控制阶段、质量保证阶段，再到质量改进阶段，然后进入下一个过程，循环往复。

（二）全面质量管理的特点

改革开放以后，全面质量管理在我国得到了广泛推行。结合我国企业全面质量管理的实践，我国质量专家将全面质量管理的特点概括为“三全一多”，即全员、全过程、全组织的质量管理，采用多样性的方法。后来，根据质量管理的发展，“三全一多”演变为“全员、全过程、全面和多样化方法”。

1. 全员参与的质量管理

产品和服务质量是组织各方面、各部门、各环节工作质量的综合反映。组织中任何一个环节、任何一个人的工作质量都会不同程度地影响着产品质量或服务质量。因此，产品质量人人有责，人人做好本职工作，全体参与质量管理，才能生产出顾客满意的产品。全员参与强调的是“质量管理，人人有责”，质量不是部门或专家的专责，而是组织内所有人员的责任。只有全体员工的支持与参与才能保证和提高产品质量。全面质量管理要求企业在集中统一领导下，把各部门的工作有机组织起来，人人都必须为提高产品质量、加强质量管理尽自己的职责。

首先，必须抓好全员的质量教育和培训。一方面要强化职工的质量意识，加强职业道德、以顾客为中心的意识和敬业精神的教育；另一方面要提高员工的技术能力和管理能力，增强参与意识。在教育和培训过程中，要分析不同层次员工的需求，有针对性地开展教育和培训。其次，把质量责任纳入到相应的过程部门和岗位中，形成一个高效、严密的质量管理工作系统。对员工授权赋能，使员工自主做出决策和采取行动，即所谓的活性化。活性化是全面质量管理的基本做法之一，之所以如此，原因在于：第一，员工有强烈的参与意识，同时也有很高的聪明才智，员工活性化会激发他们的积极性和创造性。第二，企业的竞争力在于顾客和其他相关方的满意度以及对市场变化的反应速度，而这很大程度上取决于员工的活性化程度。第三，活性化的员工应该要求对于质量做出相应的承诺，并将质量责任同奖惩机制挂钩，确保责、权、利的统一。第四，在全员参与的活动过程中，鼓励团队合作和多种形式的群众性质量管理活动，充分发挥广大职工的聪明才智和当家做主的进取精神。群众性质量管理活动的重要形式之一是质量管理小组。除了质量管理小组外，还有很多群众性质量管理活动，如合理化建议制度、与质量相关的劳动竞赛等。

2. 全过程的质量管理

朱兰[104]认为：“对质量形成的诸过程进行管理就是质量管理。”产品质量形成的过程包括市场研究（调查）、设计、开发、计划、采购、生产、控制、检验、销售、服务等环节，每一个环节都对产品质量产生或大或小的影响。上述过程是一个不断循环螺旋式提高的过程，产品质量在循环中不断提高。

要控制产品质量，需要控制影响质量的所有环节和因素。全过程的质量管理包括从市场调研产品的设计开发、生产，到销售、售后服务等全部有关过程。换句话说，要保证产品或服务的质量，不仅要搞好生产或作业过程的质量管理，还要搞好设计过程和使用过程的质量管理，要把质量形成全过程的各个环节或有关因素控制起来，形成一个综合性的质量管理体系。

全过程是指产品生产的全过程，包括市场调研、研发设计、试制、生产工艺、工装、原材料供应、生产、销售直到顾客服务等各个环节，企业对产品生产的各个环节进行全面管控，确保质量控制的全面性、有效性。实行全过程质量管理，做到以预防为主，把质量管理作为企业管理的重点，做到事前控制。有效地控制各项影响质量的因素，保证产品实现，以提高工作质量和生产质量。

3. 全面性的质量管理

全面性的质量管理就是要以质量为中心，领导高度重视，组织落实，体系完善。全组织的质量管理可以从纵横两个方面加以理解。从纵向的组织管理角度来看，质量目标的实现有赖于企业的上层、中层、基层管理乃至一线员工的通力协作。高层管理侧重于质量决策，制定并协调完成组织的质量方针、质量目标、质量战略和质量计划；中层管理要贯彻落实领导层的质量决策，运用一定的方法找到各部门的关键、薄弱环节或亟待解决的重要事项并加以解决；基层管理要求每个员工都要严格按标准按规范进行作业，相互间分工合作，开展质量改善活动并不断进行作业改善。

从组织职能间的横向配合来看，组织的质量职能是由组织内部的各个部门承担的，要保证和提高产品质量必须使企业研制、维持和改进质量的所有活动构成一个有效的整体。组织应明确为实现质量目标所必须进行的各项质量活动，将对应的质量职能委派给组织的相应部门；向承担质量职能的部门提供必需的技术上和管理上的支持；确保质量职能在各个部门、各个环节的实施；协调各部门的质量职能使其相互配合，指向共同的目标。组织要以综合、系统的方式来理解和解决质量问题，使组织的质量活动以及活动成果达到最佳的水平。

4. 综合多样性的质量管理

全面质量管理是综合管理学和各种技术手段为一体的一门科学。全面综合运用各种质量管理方法，是科学质量管理的基本要求。随着产品复杂程度的增加，影响产品质量的因素也越来越多，既有物的因素，也有人的因素；既有技术的因素，也有管理的因素；既有组织内部的因素，也有供应链的因素。要把这一系列的因素系统地控制起来，就必须结合组织的实际情况，广泛、灵活地运用各种现代化的科学管理方法加以综合治理。

质量管理中广泛使用各种统计方法，常用的质量管理方法有七大工具、数理统计方法、运筹学方法、PDCA 循环法、质量功能展开图、故障模式与失效分析等。目前质量管理中使用的工具和方法，既有统计方法，又有非统计方法。质量管理方法可以分为三种类型：单一方法，如 QC 老七种工具、新七种工具等，用来解决简单或局部问题；集成方法，如 QC 小组活动、质量功能展开、六西格玛法、田口方法、故障模式与影响分析、水平对比法等，用来解决相对复杂的问题；系统方法，如 ISO 9001、ISO 9004、ISO 14001 卓越绩效模式等，用体系化的方式解决组织整体性问题。

多方法的质量管理强调程序科学、方法灵活、实事求是、讲求实效。在应用质量工具方法时，要以方法的科学性和适用性为原则，要坚持用数据和事实说话，从应用需要出发尽量简化。组织应具备管理的系统视野，努力使多种方法融合互补形成合力，提高管理的有效性和效率。实践证明，全面质量管理“三全一多”的基本要求，对我国企业开展全面质量管理活动起到了指导作用，已经成为我国企业开展全面质量管理活动的出发点和落脚点。随着组织管理由内部过程拓展到整个供应链管理，质量管理也由组织内部范畴延伸到整个供应链上。

五、全面质量管理的主要方法

（一）PDCA 循环

PDCA 模型，又称戴明环，由美国质量管理专家戴明提出，他将质量管理分为四个阶段，即计划（Plan）、执行（Do）、检查（Check）和处理（Action）。Plan 计划，是建立体系及其过程的目标、配备所需的资源，以实现与顾客要求和组织方针相一致的结果；Do 执行，实施所做的计划；Check 检查，根据方针、目标和要求对过程以及产品和服务进行监视与测量，并报告结果；Action 处理，必要时采取措施提高绩效[106]。PDCA 模型是一个不断改进的质量管理活动，每一次循环都是一个质量提升的过程。无论是传统物质形态的产品质量管理，还是虚拟形态的数字信息资源或服务，PDCA 模型的管理办法都十分适用。

PDCA 循环可细化成八个步骤。第一阶段策划可细分为四个步骤，一是对现场现物现况进行分析。二是在问题现况的基础上，重点分析产生的原因与不足。三是在所有原因中找出主要原因。四是在主要原因的基础上制定措施。第二阶段是实施计划与措施，也是第五个步骤，确保各项制度贯彻执行。第三阶段是实施结果与目标对比，也是第六个步骤，主要是对质量管理计划实施过程进行跟踪与控制，确保质量管理计划能顺利实现，及时消除各种因素的影响。第四阶段是处置。可细分为两个步骤，一是对实施结果总结分析，并使之形成文件制度，推动后续执行，二是未解决的问题转入下一循环。

（二）朱兰质量三部曲

1986 年朱兰质量管理活动划分为质量策划、质量控制、质量改进三个阶段[107]。质量策划是指为质量管理活动制定一个工作流程以能够满足既定的质量管理目标。质量策划的基础是认知质量差距，即从用户满意度视角来理解质量差距，大体可分为理解差距、设计差距、过程差距和运作差距四类，其中理解差距是指生产者或管理者对用户的需求缺乏理解，没有掌握用户的质量需求。设计差距是指生产者在理解用户的信息质量需求与产品或服务的具体设计上存在着一定的偏差，难以满足用户的质量需求。过程差距是指产品或服务的设计虽然已经基于用户的质量需求出发，但是在实际产品和服务的提供中并没有真正满足用户的质量需求，这种差距是质量差距中最显著的问题。运作差距是指在质量管理活动中的行为会对质量管理对象产生副作用，具体在社会问答平台中可理解为信息质量管理导致用户参与信息分享的意愿下降。解决这些质量差距的工作流程包括识别内部客户与外部客户、确定顾客的需求、开发产品的功能以响应客户的需求（包括产品和服务两个方面）、建立满足顾客和供应商需求的质量目标并以最低成本执行、开发一个所需产品的过程、验证过程能够满足质量目标。

质量控制是采用质量管理的相关理念、管理方法、技术手段实现产品或服务的质量管理目标，其关键是做好产品或服务生产过程中每个环节出现的质量问题，从而从整体上实现质量管理的最终目标。朱兰将质量控制分为七个步骤：确定质量控制对象、选择测量单位、建立测量方法、构建产品或服务的性能标准、衡量实际绩效、探索生产差距的原因、执行质量提高的相关措施。

质量改进是指质量管理者打破原有的产品或服务的质量管理规划而实现进一步优化的阶段，是质量管理活动的深化。与质量控制不同，后者主要按照质量策划严格执行从而实现现实质量向期望质量转变的过程，而前者则是突破原有计划，最终要实现的质量要优于期望质量，主要有八个步骤：验证质量改进的需求、界定质量改进的具体项目、组织指导项目、组织诊断、寻找质量问题产生的根本原因、提供相关的补救措施、验证补救措施的有效性、提供质量控制以保证获得的收益。

朱兰的质量三部曲，质量策划明确了质量管理的方向，同时为质量管理的实现提供良好的内外部条件，保证质量管理的顺利实施；质量控制提供一套完整的、成熟的质量管理操作流程，是实现质量管理目标的核心，其执行水平的高低直接决定质量管理的成败；质量改进是质量管理活动的再深化，三者相辅相成共同实现质量管理的最终目标。

六、全面质量管理的构成要素及成熟性评价

全面质量管理作为质量管理发展的第三阶段，丰富了质量管理的概念

和理论，也离不开质量管理巨擘们对管理框架和实施关键因素进行的界定，如戴明、费根堡姆、克劳斯比等。他们为质量管理发展所做的贡献也成为之后许多学者对全面质量管理实践活动的重要理论基础。Saraph (1994)[108]根据相关的质量管理文献和20个企业的实证数据，从商业层面总结出全面质量管理的八个主要构成要素，Flynn（1994）[109]从制造业角度提出全面质量管理的八个关键测量指标。他们两个的研究在学术界具有重要的影响意义，此外还有一些学者对全面质量管理的构成要素进行研究。同时全面质量管理的构成要素也在世界各国的质量评价准则中有所差异，如美国波多里奇国家质量奖（MBNQA）和欧洲质量奖（EFQM），我国也根据国内外的研究成果，制定了全面质量管理实施的国家标准《GB/T 19580 卓越绩效评价准则》和《GB/Z 19579 卓越绩效评价准则实施指南》，形成了具有我国特色的全面质量管理要素，包括七个方面：领导、战略、顾客与市场、资源、过程管理、测量分析与改进、结果，国内外学者对全面质量管理构成要素的主要研究结果见表 2-1。

表 2-1　全面质量管理构成要素研究成果概览

研究者/来源	质量管理关键要素
Saraph（1994）	高层领导、供应商质量管理、员工关系、培训、过程管理、质量部门任务、产品/服务设计、质量数据分析
Flynn（1994）	高层管理支持、质量信息系统、过程管理、产品设计、员工管理、工作态度、供应商参与和客户参与
Powell（1995）	领导承诺、采用质量管理思想、与顾客的关系、与供应商的关系、培训、开放的组织、员工授权等
Samson（1999）	领导、顾客关注、人力管理、战略计划、过程管理、信息分析
Kaynak（2003）	领导管理、供应商质量、员工关系、员工培训、持续改进质量系统提升、信息分析、统计质量技术使用
Francisco José Conca（2004）	领导、质量计划、员工管理、供应商管理、以顾客为中心、过程管理、持续改进、学习、沟通、专家培训
Sadikoglu（2004）	领导、信息和分析、战略计划、人力资源开发和管理、过程管理、以顾客为中心和顾客满意
Sila（2007）	领导力、信息及分析、人员管理、过程管理、顾客焦点、战略性计划、供应商管理

续表

研究者/来源	质量管理关键要素
Bon（2013）	领导管理、员工参与、员工权利、信息和测量、培训和教育、顾客关注、持续改进
宋永涛（2016）	领导力、质量战略规划、顾客关注、人力资源管理、过程管理、供应商管理、质量信息分析
《波多里奇卓越绩效准则》（2015—2016）	领导、战略、顾客、测量分析和知识管理员工、运营、结果
《EFQM 卓越模式》（2013）	领导、战略、员工、合作伙伴和资源、过程产品与服务、结果
《GB/T 19580 卓越绩效评价准则》	领导、战略、顾客与市场、资源、过程管理、测量分析与改进、结果

质量管理成熟性最早由质量管理大师克劳斯比（Crosby）提出。其将质量管理管理成熟性分为五个阶段：困惑、觉醒、启蒙、理智和卓越。我国于 2016 年发布了《基于 GBT 19001 的质量管理成熟度评价准则》，将管理成熟性定义为：对组织在管理体系、过程等方面管理水平和完善、卓越程度的度量。上海质量协会（SAQ）根据 Crosby 成熟度模型和 ISO 9004 及波多里其质量（BNQA）卓越绩效标准设计出符合上海市企业质量管理成熟度评价的标准和方法，对上海 1490 家企业进行统计分析，发现上海市企业质量管理总体成熟度指数为 3. 30，高于全国平均水平，同时发现上海市应更多投入“软技能实力发展”，利用质量改进工具和技术，将全面质量管理水平提高到下一个十年的新高度[63]。

Aranda（2015）[110]通过对 EFQM 卓越绩效模型进行分析，认为其超越了仅针对过程的业务流程成熟度模型（BPMM），并根据 EFQM 评价准则提出了质量管理成熟性评价的两个层次：与管理价值（定性阶段）相关的成熟性水平和与管理标准（定量阶段）相关的成熟性水平及 5 个层级的评价结果，运用 EFQM 中的 RADAR 作为量化评估组织成熟度以及不断自我改进的工具，他们认为任何卓越绩效模型的主要组成部分都可以建立管理成熟型模型；Martins（2008）[111]对巴西 12 家制造业和服务业进行研究，发现质量管理方法，包括 ISO 9000、六西格玛管理和 BNQA 模型对企业的质量管理绩效具有重要影响，同时这些实施质量管理方法的组织都有相关的绩效测量系统，尤以实施 BNQA 的企业更为突出，其拥有完善的绩效评估系统，也拥有更高的质量绩效（获得了质量奖）。因而，企业可以通过建立一套绩效评估系统流程，也即我们所说的管理成熟度评价层级，来发现自己管理的不足，并不断进行改进。

综合以上学者研究发现，无论是依据 EFQM 模型还是 BNQA 模型构建质量成熟性测量模型，其本质上都是通过卓越绩效模式各模块实施效果的测量对企业质量管理成熟性进行评价。因而本书依据卓越绩效模式的六大模块，通过研究企业在领导、战略、顾客与市场、资源、过程和测量、分析与改进六个方面的实施效果来确定其全面质量管理的成熟性。

第二节　卓越绩效模式相关理论

卓越绩效模式是从全面质量管理思想发展和日本质量成功开始的，是以各国质量奖评价准则为代表的一类经营管理模式的总称。我国也根据自身企业特点，形成了自己的卓越绩效模式。

一、卓越绩效模式产生的背景

20 世纪初，现代意义上的质量管理活动才真正开始，根据解决质量问题的手段和方式的不同，一般可以将现代质量管理活动分为三个阶段，第二次世界大战以前可以看作是第一阶段，通常称为质量检验阶段，这一阶段基本上是“事后把关式”的质量管理；从第二次世界大战开始到 20 世纪 50 年代属于第二阶段，称为统计质量控制阶段，质量管理的链条从事后检验向前延伸，强调应用统计技术预防和控制过程中不合格的发生；第三阶段即是从 20 世纪 60 年代开始的全面质量管理阶段，应用数理统计方法进行质量控制，使质量管理实现定量化，变产品质量的事后检验为生产过程中的质量控制。

1951年美国著名质量专家朱兰在《质量控制手册》（第一版）中明确提出，为了对质量进行有效的控制，除了统计质量控制以外，尚有许多其他重要的质量职能必须予以关注。1956年，美国通用电气公司的费恩保姆首先提出了“全面质量控制（TQC）”的概念，他认为解决质量问题不能只局限于统计质量控制，后逐渐发展成为满足顾客要求所必须的所有过程，方法也变得多样化了。1994年版ISO 9000族标准将全面质量管理定义为“一个组织以质量为中心，以全员参与为基础，目的在于通过让顾客满意和本组织所有成员及社会受益而达到长期成功的管理途径”。

日本在1950年以后邀请戴明、朱兰等美国质量专家赴日讲学指导，引进统计质量控制等方法，之后在实践中逐渐发展成为“全公司的质量管理”(CWQC)，并开发出许多有效的质量管理工具和方法。日本质量管理专家石川馨博士概括出“全公司质量管理的特点在于整个公司从上层管理人员到全体职工都参加质量管理”的概念。20世纪80年代以后，由于在全面质量管理方面的成功实践和领先地位，日本企业在许多领域打败了美国企业，日本经济和日本企业的竞争力达到了巅峰。伴随着日本制造的精良产品，全面质量管理的概念几乎传播到世界的每一个地方。美国众议院科学、研究和技术委员会举行了一系列听证会，1987年1月6日，《马尔科姆·波多里奇国家质量奖提高法》获得通过，该法案于1987年8月20日获得了罗纳德·里根总统的签署，成为了100—107号公法。法案规定了马尔科姆·波多里奇国家质量奖计划的创立。

马尔科姆·波多里奇国家质量奖的评审依据称为“卓越绩效准则”。该准则是决定获奖者和向申请者提供反馈的基础。这套准则的出台很快引起了美国及世界各国政府和企业界的关注，因为它不仅能为申报质量奖的企业提供一个评价标准，而且有助于提高各类组织的质量绩效标准和期望水平；在对于关键质量要求和运作绩效要求有共同理解的基础上，能够促进各类组织之间及组织内部的交流与共享，还可以作为计划、培训、评估及其他用途的工具。美国国家质量奖的设立，相当程度地促成了美国20世纪90年代后的经济发展，使之重新回归世界经济霸主的位置。该评价准则每年都要进行修订，力图体现被证明行之有效的那些先进的管理实践，帮助使用者应对日益复杂的挑战。

目前全世界 80 多个国家和地区设立了质量奖，以波多里奇质量奖评价标准为代表的卓越绩效准则目前已成为“经营管理事实上的国际标准”，作为一种可重复使用的绩效管理和持续改进的系统方法指南，得到了越来越广泛的关注和应用，我国在学习卓越绩效模式的过程中，也结合了国情来应用。

二、卓越绩效模式的概念

卓越绩效模式是以各国质量奖评价准则为代表的一类经营管理模式的总称，其起源于美国波多里奇国家质量奖标准，因其系统的理论框架、全面的评价要求、科学的评价体系、集成现代质量经营的理念和方法，被国际上 30 多个国家采用并被称为卓越绩效模式。其实质是全面质量管理的实施细则，是一个成熟度标准。旨在通过卓越的过程创造卓越的结果，按卓越绩效模式标准的要求，确定、展开组织的方法，并定期评价、改进、创新和分享，使之达到一致、整合，从而不断提升组织的整体结果，赶超竞争对手和标杆，获得世界级的绩效。

以波多里奇质量奖为评价标准的卓越绩效模式标准共有四个层次，即 11 个核心价值观、7 个类目、19 个条目和 32 个着重方面。20 世纪 80 年代以来，随着经济全球化的迅速发展，许多国家为了提升本国企业的国际竞争力，通过设立国家质量奖计划来推进企业实施质量经营战略，引导企业提高管理水平、增强质量竞争力、改善经营成果，使之成为卓越企业，迎接来自世界各地的产品或服务质量的挑战，成效显著，对这些国家的经济发展起到了重要作用。

三、卓越绩效评价准则的结构

在 GB/Z 19579—2012《卓越绩效评价准则实施指南》[112] 的“卓越绩

效评价准则框架图与评分项分值表”中，提出了卓越绩效评价准则的框架图。该框架图形象而清楚地描述了卓越绩效评价准则中 7 个类目评价要求之间的联系和逻辑关系。具体见图 2-1。

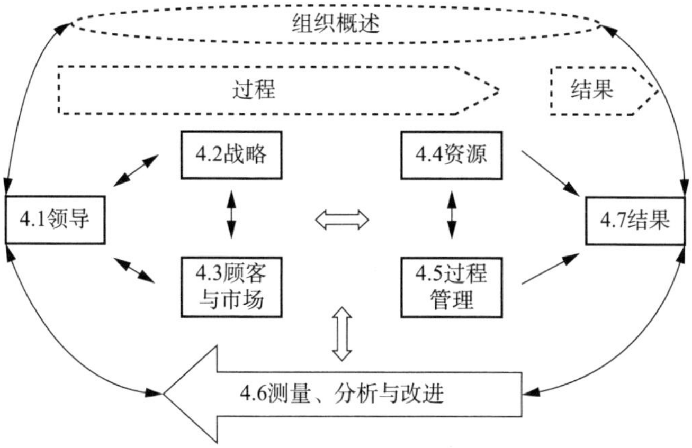

图 2-1　卓越绩效评价准则框架图

图 2-1 借鉴美国质量奖模式，将准则中 7 个类目的评价要求分别装进 7 个图框里，在图的左侧由“4.1 领导”“4.2 战略”和“4.3 顾客与市场”部分构成了“领导作用”三角，体现了“领导”“顾客与市场”“战略”在组织绩效管理系统中起到的驱动作用；在图的右侧由“4.4 资源”“4.5 过程管理”和“4.7 结果”3 部分构成了“资源、过程和结果”三角，是动态的，体现了在领导、战略和顾客与市场驱动下，利用“资源”“过程管理”来取得“结果”。“4.6 测量、分析与改进”是组织绩效管理系统的基础，是连接两个三角的链条，并推动组织的改进和创新，为提升组织的绩效和竞争力发挥着至关重要的作用。

图 2-1 还借鉴欧洲质量奖模式，表明了“过程”类目（4.1~4.6）和“结果”类目（4.7）的逻辑关系。卓越绩效模式旨在通过卓越的过程创造卓越的结果，并基于结果的测量、分析，驱动过程的改进和创新，应对评价准则的要求，确定、展开组织的方法并定期评价、改进、创新和分享，使之达到系统的一致、协调。“结果”强调的是不断提升组织

的综合绩效，赶超竞争对手和标杆。获得卓越的绩效，实现组织的持续发展和成功。

四、卓越绩效评价准则的评价要求

卓越绩效模式包括7个类目，并细分为23个评分条款。7个评价类目分别是“领导”“战略”“顾客与市场”“资源”“过程管理”“测量、分析与改进”和“结果”。

（一）“领导”类目

“领导”类目是整个标准的核心和灵魂，对组织建立应对未来的战略优势、取得长期成功起着导航作用，对组织的持续成功起着决定性的作用，是卓越绩效评价准则9条基本理念中“远见卓识的领导”和“社会责任”的具体化。领导类目包括高层领导的作用、组织的治理和社会责任3个评分条款。准则中指出高层领导只有推动组织核心价值观、确定发展方向和绩效目标、促进整个组织关注各方需求，才能对组织实施有效的治理。组织在致力于自身发展的同时，还要积极履行社会责任，以更具社会责任感的组织行为增强其竞争优势。

（二）“战略”类目

“战略”类目体现的要求是9项基本理念中的“战略导向”和“系统管理”的具体化，同时，也体现了“顾客驱动”和“学习、改进和创新”，用于评价组织对战略及其目标的制定部署及进展情况。战略类目分为战略制定和战略部署两个评分项目，战略制定是要确立企业的战略方向和设定战略目标以引导和强化组织的总体绩效、竞争力和未来的成功。战略部署主要是将战略目标转化为实施计划，并监控实施计划的进展，预测未来绩效，以提高组织的绩效。

（三）“顾客与市场”类目

“顾客与市场”类目旨在增强组织在顾客与市场方面的持续经营能力，

它体现了“顾客驱动”“合作共赢”的基本理念，与领导、战略类目共同构成了卓越绩效评价准则的领导作用三角，该类目包括顾客与市场的了解、顾客关系与市场满意两个评分项目。组织在进行产品研发与改进、开展客户关系管理、制定发展战略时，要始于顾客需求，确定顾客的期望和偏好，并通过顾客驱动追求卓越。同时，采用多种方法以建立、维护和加强客户关系，开展顾客满意度和忠诚度的测量，以推动产品、服务和管理的改进，从而确保赢得和保持顾客。

（四）“资源”类目

“资源”类目用于评价组织资源管理的状况和水平。本类目包括 6 个评分项目，分别为人力资源、财务资源、信息和知识资源、技术资源、基础设施、相关方关系。在资源管理的过程中，首先，组织要建立以人为本的资源管理体系，促进员工的学习和发展，提高员工的满意程度。组织也要从资金的获取、配置和使用角度对财务资源进行管理。其次，识别和开发信息源，确保获得和提供所需的数据信息，并使员工、供方和合作伙伴及顾客获得相关数据信息。结合自身战略规划，为过程管理提供必须的基础设施，进行科学管理。最后，建立与战略实施相适应的相关方关系，尤其是与关键供方和合作伙伴的良好合作关系，由此来充分发挥资源的潜能，提高其效用，实现其价值。

（五）“过程管理”类目

“过程管理”类目涵盖了组织所有过程，特别是关键过程。其目的在于确保组织战略及其实施计划的落实。过程管理包括 2 个评分项，分别是过程的识别与设计、过程的实施与改进。通过在识别组织全过程基础上确定关键过程、确定对关键过程的要求以及基于过程要求进行关键过程的设计，梳理、确定主要产品、服务及经营过程。通过过程的实施和改进，有效实施关键过程，实现过程效率、质量、成本与周期等要求，提高过程实施的有效性。

（六）“测量、分析与改进”类目

“测量、分析与改进”类目相当于组织运营和实现战略目标过程的“神经中枢”，同时，也是卓越绩效评价准则 9 项基本理念中的“系统管理”“学习、改进与创新”的具体化。本类目是评审组织如何选择、收集、分析和管理其数据信息，以及组织如何管理改进与创新活动来提高组织的核心竞争力和绩效。通过测量、分析和评价，以改进与创新评分条款来促进组织的改进和创新活动，从而获得良好的经营绩效，最终提高组织的竞争力。

（七）“结果”类目

“结果”类目是卓越绩效模式的最后一个类目，是 9 项基本理念中“重过程与关注结果”的具体化，也是整个标准中集中反映组织关键绩效结果的条款。本类目要求组织提供有关产品和服务、顾客与市场、财务、资源、过程、领导等方面的绩效结果，同时还要求组织与竞争对手、标杆的绩效水平进行对比。组织通过关注这些结果及产生这些结果的过程，来为顾客和其他相关方提供更高的价值，取得更好的绩效。卓越绩效评价准则具体内容和分值如表 2-2 所示。

表 2-2 《卓越绩效评价准则》具体内容和分值分布

类目	评分条款	类目分值	评分条款分值
4.1 领导		110	
	4.1.2 高层领导的作用		50
	4.1.3 组织治理		30
	4.1.4 社会责任		30
4.2 战略		90	
	4.2.2 战略制定		40
	4.2.3 战略部署		50
4.3 顾客与市场		90	
	4.3.2 顾客和市场的了解		40
	4.3.3 顾客关系与顾客满意		50

续表

类目	评分条款	类目分值	评分条款分值
4.4 资源		130	
	4.4.2 人力资源		60
	4.4.3 财务资源		15
	4.4.4 信息和知识资源		20
	4.4.5 技术资源		15
	4.4.6 基础设施		10
	4.4.7 相关方关系		10
4.5 过程管理		100	
	4.5.2 过程的识别与设计		50
	4.5.3 过程的实施与改进		50
4.6 测量、分析与改进		80	
	4.6.2 测量、分析和评价		40
	4.6.3 改进与创新		40
4.7 结果		400	
	4.7.2 产品和服务结果		80
	4.7.3 顾客与市场结果		80
	4.7.4 财务结果		80
	4.7.5 资源结果		60
	4.7.6 过程有效性结果		50
	4.7.7 领导方面的结果		50

五、卓越绩效模式的作用

卓越绩效模式在构建组织全面质量管理体系、测评组织全面质量管理实施、提供成功路线图、维持相关方利益平衡等方面都起到了积极作用。

（一）构建组织全面质量管理体系，提供管理框架

无论行业、规模、结构或成熟度如何，要想获得成功，组织必须建立适当的管理框架。卓越绩效准则是全面质量管理的实施细则，是全面质量

管理的标准化、条理化、具体化，并以结果为导向，使全面质量管理的每一分努力都输送到最需要的地方。卓越绩效模式为企业提供了一种非规定性、开放性和发展的管理框架，可以帮助组织有效整合各种现代管理工具、方法和管理体系，如精益生产、平衡计分卡、六西格玛等，从而提高生产率和工作有效性。

（二）测评组织全面质量管理实施，实现自我诊断

卓越绩效模式可以用来测评组织经营管理的成熟度，企业可以运用卓越绩效评价准则进行定期的从过程到结果的自我评价，使企业看到企业管理现状与标准要求的差距、与标杆水平的差距、与战略目标的差距，识别优势并巩固，识别改进和创新机会，排序配置资源予以实施，实现持续改进，不断提高成熟度。

（三）提供成功路线图，达到卓越绩效

卓越绩效模式是一种综合的组织绩效管理方法，以卓越的过程创造卓越的结果，通过对绩效持续的测量、分析和改进，提高整体绩效和能力，从而获得持续的成功。“卓越绩效标准”的条款都突出了改进、标杆管理的思想，以促使企业不断提升自身的竞争力。通过过程四要素：方法、展开、学习、整合，结果四要素：水平、趋势、对比、整合，有助于企业的战略意图得到落实，有助于企业的文化建设落地，有助于企业的绩效管理更有成效。

（四）维持相关方利益平衡，提高发展能力

卓越绩效模式体现了一种卓越经营的哲学和方法，使顾客、股东、供应商、员工和社会五大相关方综合满意，为五大相关方创造长期、短期平衡的价值，这必然要求企业在把握市场需要的基础上，从质量、机制、成本、服务、效率等方面改善经营业绩，以不断提升各利益相关方的满意度，提高应变能力，实现各方面能力改善的价值追求，以获得组织绩效的显著提高，形成可持续发展能力。

美国曾就“卓越绩效标准和质量奖的价值”对 308 位 CEO 进行了调

查，79%的 CEO 认为“卓越绩效标准和质量奖”在激励美国企业改进质量方面很有价值，67%的 CEO 认为其在激励企业提升竞争力方面很有价值。2011 年底，美国北卡罗来纳州大学经济系的阿尔伯特·林克教授和达特茅斯学院经济系的约翰·斯科特教授，在调查 2006 年以来 276 家申报美国波多里奇国家质量奖组织的基础上，对波多里奇卓越绩效项目的经济影响进行了分析。结果显示组织的受益体现在 3 个层面：节约成本、顾客满意和财务获利（源自销售收入的增长），并且企业的收益要远超过波多里奇卓越绩效项目的成本，比例为 820∶1。

第三节 企业技术创新相关理论

一、技术创新的概念

创新（Innovation）的概念最先由经济学家熊彼特提出，他认为创新是企业家对生产要素的组合。这种组合包含产品创新、工艺创新、市场创新、资源开发利用创新、体制和管理创新，不过与技术直接相关的创新是其创新思想的主要内容[113]；美国国家科学基金会（NSF）在《1976 年：科学指示器》中将技术创新定义为将新的或改进的产品、过程或服务引入市场[114]。OECD（1992）给出了技术创新的概念，认为“技术创新包括新产品和新工艺，以及产品和工艺显著的技术变化。如果在市场上实现了创新（产品创新），或者在生产工艺中应用了创新（工艺创新），那么就说明创新完成了。”在 1997 年，OECD 还将创新区分为非技术创新和技术创新，非技术创新指技术创新之外的创新活动，主要类型有组织创新和管理创新。技术创新则包括产品创新和工艺创新，指技术上的新产品和新工艺，以及技术上有重大改进的产品和工艺[115]。我国学者许庆瑞（2005）[116]将创新界定为新的创意在企业的产品、工艺、服务、组织、管理、营销等方面的应用，并把创新视为产品创新和工艺创新、渐进创新和重大创新的组合。中国技术创新学创始者傅家骥博士认为企业的技术创新是将发明和科技成果转化为产品，能在市场上销售并取得利润的全过程[117]。

通过文献调查发现，国内外对技术创新的定义仍然没有一个统一的定论，但就技术创新的内涵众学者达成了一致，即肯定了技术创新在技术上和经济上的意义，技术创新通过投入新工艺（技术上或者服务上的）实现一定的经济目标。本章采取傅家骥教授等的观点，将技术创新定义为将新的创意在企业生产或服务过程中应用，其包括了新产品和新工艺的应用，以及产品和工艺显著的技术变化。

二、技术创新过程

企业技术创新源于科学基础（由大学和科研组织主导）、技术开发（由企业主导）和市场需求的相互作用。对这些活动之间相互作用的解释形成了创新过程模型研究的基础。为了从不同角度阐述企业技术创新的全过程，学者们先后提出了五类创新模型，主要发展阶段见图 2-2。

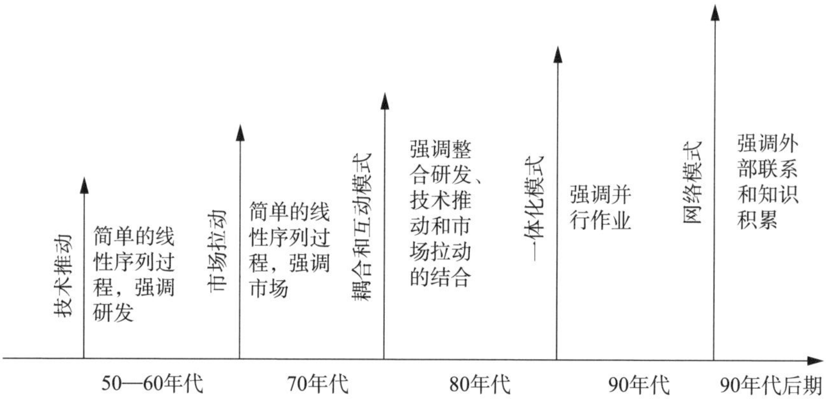

图 2-2　技术创新过程模型的发展阶段

通过前人的研究可以发现，人们对创新过程的描述已从最初的线性阶段上升到反复性阶段，从单一创新上升到一系列的产品创新，并逐步发展到结合隐性知识开发和组织学习的反复创新。我国学者许庆瑞（2006）提出了发展中国家以引进、消化吸收先进技术为基础的二次创新模式[116]。

本章结合我国国内企业技术创新现状及傅家骥教授等的创新过程理论，将创新过程划分为三个主要阶段：创新计划过程、研发过程和生产与营销过程。

虽然在不同阶段对于技术创新过程的解读有所不同，但是综合来看，学者认为企业技术创新包含新构想的完成、技术研发、管理创新、制造和工艺、商品销售、产品改进等全过程。从过程角度不难发现企业技术创新过程亦是一个 PDCA 循环改进的过程。本章参考阿曼德[119]对企业技术创新管理的研究确定创新计划、技术开发、生产与营销、评估与反馈四个技术创新过程阶段。在技术创新过程中，通过技术创新过程链条从对产品或服务的创新计划阶段、技术开发阶段、生产和营销阶段，到评估与反馈阶段，然后进入下一个阶段，循环往复，具体如图 2-3 所示。

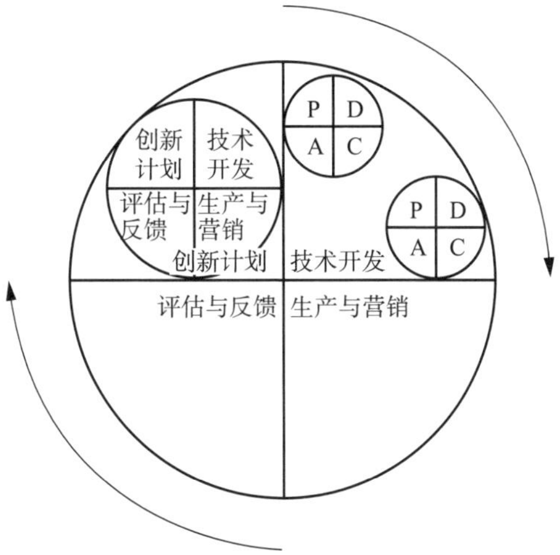

图 2-3 技术创新 PDCA 循环

三、突破性创新和渐进式创新

企业技术创新的分类方式有很多种，其中以创新变革程度分类可以分为突破式创新和渐进式创新两类。企业的突破性创新又称为探索性创新，它代表了企业对全新知识的尝试，例如开发新的客户需求、进入新的市场领域。突破性创新往往需要组织具有更高的灵活性和多样性，并且具有高度的风险性；渐进式创新更多聚焦于对现有技术和能力的不断提炼和拓展，属于一种对现有产品或服务的改良活动，包括工艺的改进、生产效率的提高等。

突破性创新和渐进式创新作为技术创新两种不同方式往往被学者们区别开来。在技术上，大多数学者认为，突破性创新是一种技术或者是经营模式的完全革新，它往往带来重大技术的改变（Tushman，1986），它的创新模式是发散而不连续的；而渐进式创新更多的是利用现有技术改进成熟的产品或服务，或是提高产品的生产效率（March，1991）[121]，是对现有技术的应用和产品改进。在满足顾客与市场需求上，突破性创新往往提供全新的服务或是开发新的消费市场，是对现有市场的“破坏性”改造（熊彼特，1934），是非主流市场对主流市场的竞争破坏，它旨在创造新的产品和服务，服务于新的客户群和新市场需求；而渐进式创新更多的是通过产品质量的改进、提高现有生产和分销效率，更好地服务于现有的市场和顾客（Jansen，2006）[122]；突破性创新可能带来新的供销关系、重构市场秩序，渐进式创新则更多的是在现有领域内实现知识、技能和过程的改进和深化。由于突破性创新可能引起市场的变革性发展，它具有更多的风险性和不确定性，相对应地，突破性创新给企业带来的效益是长期和持久的[123]；渐进式创新由于侧重于改良性活动，企业承担的风险较小，通常只用较低的投入就可以带来一定的收益，所以能够在短期内给企业带来一定的回报[124][125]。

综合众多学者的研究可以发现，突破性创新和渐进式创新不仅在创新结果上有所区别，它们在战略目标、技术运用、知识搜寻和运用、风险和投入上都存在着许多不同。因而，本书结合两者的不同特点区分它们在创新过程中的差别，将两者从创新计划到创新实现阶段进行分类，试图研究全面质量管理成熟性对两种创新方式的影响机制。

由于突破性创新和渐进式创新属于两种完全不同的创新方式，具有不同的竞争优势。突破性创新可以使企业在激荡的竞争环境中时刻保持开拓新市场的竞争优势，而渐进式创新可以使企业以相对较小的投入带来丰厚的回报。因而，随着市场竞争日益激烈，企业进行创新的时候要兼顾突破性创新和渐进式创新，取得最大的竞争优势。

第四节　耦合协同理论

一、耦合、耦合度及耦合协调度

“耦合”一词最早出现于物理学领域，是指两个或两个以上的电子元件或器件之间相互影响、紧密联系的现象（郑萌，2013）[126]。之后耦合的内涵不断延伸与拓展，Spender（1999）[127]将耦合引入到系统关系的研究范畴中。在系统关系的研究中，Brown（2006）[128]将耦合定义为两个或两个以上存在某种关联的系统通过相互作用、相互影响，进而联合起来产生某种特定功能的现象，包括良性耦合与不良耦合两种类型。良性耦合，是指存在关联的两个或两个以上系统之间相互兼容、促进、协同发展，从而产生增力的现象。不良耦合是指系统之间相互干扰、削弱的状态。

将耦合度定义为用来反映系统间或系统要素间彼此影响、相互作用的程度，体现出系统由无序到有序的趋势（郝生宾，2009）[129]。耦合度越高，表明系统间或系统要素间相互影响的程度越大，协同效果越明显。耦合度虽然能够反映出系统间或系统要素间的协同作用程度，但反映的仅为系统间或系统要素间的同步程度，由于耦合度模型计算的限制，无法反映出系统间的差异。高的耦合度不仅会出现在较高发展水平系统之间，较低发展水平且发展接近的系统之间亦会得出较高的耦合度。为了体现出系统间的发展差异，避免出现低发展水平高耦合的现象对分析结果的干扰，本书引入了“耦合协调度”进行深入研究。

耦合协调度是指系统间或系统要素间在发展过程中耦合的程度和协调

等级，能够反映系统间的紧密程度，主要反映协同作用中良性耦合程度的大小，即较高发展水平的系统间或系统要素间的耦合程度（高楠，2014）[130]。通过耦合协调度实证分析，可以衡量出不同子系统各自的发展程度，以及这些系统或者系统要素之间的协同作用程度。耦合协调等级越高，表明系统之间的联系越紧密，要素的相互贡献程度也越高。相反，耦合协调等级越低，表明系统之间的联系越松散，要素的相互贡献程度也越低。

本书将全面质量管理过程与技术创新过程看成两个开放的复杂系统，全面质量管理—技术创新过程耦合系统为一个动态演化系统，是全面质量管理过程与技术创新过程的彼此影响、相互作用，产生的协同效应大于全面质量管理过程与技术创新过程单独作用的复合系统。耦合协调度是测量全面质量管理过程与技术创新过程两个系统间耦合的程度和协调一致的等级，当全面质量管理—技术创新过程耦合系统具有较高的耦合协调度时，才能实现质量管理与创新的良性互动，最大限度发挥质量管理与创新对企业绩效的协同推进作用。

近年来，由于耦合度自身的限制，耦合协调度代替耦合度，被运用到多个不同领域的研究中。刘耀彬（2005）[131]利用协同理论，在城市化与生态环境彼此影响、相互作用的基础上，构建了城市化与生态环境的耦合度及其预测模型，通过实证分析比较了 8 年间耦合度及耦合协调度的变化趋势。张燕（2006）[132]阐述了中国区域工业化与城市化间的耦合机制，并应用时空协调性模型，比较分析了中国区域工业化与城市化耦合协调度的时空规律。吴文恒（2006）[133]剖析了中国人口与资源环境协调作用机理，用主成分分析和协调发展度模型，比较了不同时间耦合协调度的变化态势。周莹莹（2011）[134]建立虚拟经济与实体经济间的耦合协调度模型，对 1998—2009 年各时期我国虚拟经济与实体经济的耦合协调度进行了实证分析，探析了不同时期系统协调状况的原因。刘军跃（2013）[135]阐述了生产性服务业与装备制造业的耦合机理，并基于耦合协调度模型，构建了生产性服务业—装备制造业复杂系统的共生评价模型，分析了国内生产性服务业与装备制造业的共生关系。梁威（2017）[136]分析了我国战略性新兴产业与传统产业的耦合机制，并在此基础上构建了二者耦合协调评价指标体系，测算了2004—2013年我国30个不同省份的战略新兴产业与传统产业的耦合协调度。王化杰（2018）[137]综合运用耦合协调度模型、探索性空间数据分析和障碍度模型，利用2015年冬季及2016年冬季安徽省16个城市大气污染物的浓度数据，探索了大气污染物的演变规律及整体走向。

综上所述，耦合协调度已经被广泛应用于城市化、行业发展及环境治理等宏微观环境分析中，模型的构建和运用已具备较高的成熟性，因此，将耦合协调度用于本书的分析是合理的。

二、协同学理论

自组织理论来源于复杂科学。现代物理和系统学对于整体与部分的研究分为两类，第一类为无组织的，无组织的部分间的集合可认为是各部分间的机械相加，即“1+1=2”。第二类为有组织的整体，认为单个部分无法发挥任何作用，只有各部分组织到一起，相互作用，密切配合，才能形成“1+1>2”的结果。由此我们能够发现组织的整体的复杂性。复杂性理论的中心概念是20世纪60年代到80年代首先在物理和生物学中出现的，其中最具代表性的就是自组织理论，是指在无任何外界干预的条件下，系统内部各子系统之间能自行按照某种规则形成一定的结构或功能的自组织现象的一种理论，主要研究系统从混沌无序的初始状态向稳定有序的最终状态动态演化的过程和规律，是由耗散结构论、协同论、突变论、协同动力论、演化路径论、混沌论等一组理论群构成的，目前尚未形成完整的理论体系，与本章相关的理论包含耗散结构论与协同论两种。

协同学（Synergetics）一词最早来自古希腊语，意思是“合作的科学”。德国物理学教授赫尔曼·哈肯正式提出协同学概念，即系统的各部分之间相互协作，使整个系统形成微个体层次所不存在的新的结构和具备新的特征[138]。伊戈尔·安索夫将协同理论引入管理学领域，认为协同是“企业如何通过识别自身能力与机遇的匹配关系来成功地拓展新的事业”，并用“1+1>2”的公式来表示协同效用。协同学理论把信息论、控制论和自然科学理论研究中产生的系统理论，如耗散结构理论、相变理论、突变理论、超循环理论、动力系统理论、随机微分方程理论与哈肯的激光物理理论综合起来，以研究一般规律为目标，形成了独立的系统理论。协同学是研究协同系统从无序到有序的演化规律的新兴综合性学科。协同学注重研究由大量子系统以复杂的方式相互作用所构成的复合系统，如何在一定条件下通过子系统之间的非线性作用产生协同现象，使系统形成有一定功能的自组织结构。

协同学强调的是在复杂大系统中，在一定的外部能量流和物质流输入的条件下，系统通过大量子系统之间序参量的非线性作用，在自身涨落力的推动下出现系统功能涌现达到新的稳定，即系统本身所固有的自组织能力。协同学作为一门以研究完全不同的学科中共同存在的本质特征为目的的新的横断学科，在许多学科领域中得到广泛应用，涉及化学、数学、物理、医学、生态、工程、经济等众多领域。近年来在管理学领域中协同学也得到了深入应用，现代企业管理要想实现整体最优，协同是必然要求。随着生产力发展和科技进步，现代企业管理系统出现系统复杂化、自动化等复杂系统特征，即系统规模大、目标多样、分工细、层次多、关系复杂、信息量大等特征，这就需要有关单位、部门、人员、资源等共同参与和协作合作以保证整体目标的实现。协同是企业管理系统自我完善、自我发展的根本途径。

第五节　结构方程模型

一、结构方程模型与 PLS-SEM

结构方程模型（SEM）也称作因果关系模型，最早由瑞典统计学家 Karl 和他的同伴共同提出，并在研究和调查应用中不断完善和发展，成为社会学、心理学和统计学等社会科学研究人员普遍使用的分析方法。结构方程模型综合运用多种数理统计方法，包括探索性因子分析、验证性因子分析、多元回归分析和路径分析。它能够很好地处理多个自变量和因变量之间直接或间接的关系，同时可以评价和比较不同的理论模型。此外，模型中为每个变量都设置了误差项，使模型拟合结果更加符合实际情况[139]。

结构方程模型一般由测量模型、结构模型和模型假设三部分构成。测量模型主要反映的是观测变量和潜变量之间的关系，其中观测变量指的是可直接测量的指标，是在研究中能够收集得到的数据变量；潜变量指的是那些不可以直接测度的变量，更多的是一种抽象的概念，潜变量通常由多个观测变量进行测量；结构模型即反映了潜变量之间的关系，其中又可分为内生变量和外生变量两部分，一般而言，外生变量不受其他变量的影响，而内生变量往往受其他变量的影响。模型假设即建立测量方程，表示观测变量和潜变量，以及外生变量和内生变量之间的关系，其本质是研究所提出的模型是否与数据拟合[140]。结构方程模型在实际应用中包括 7 个方面的内容，依次为模型设定、建模技术选择、模型识别、模型估计、模型评价、模型修正和模型确定。

结构方程一般有两种建模分析算法，一种是基于极大似然估计的协方差方法（LISREL 法），一种基于方差的偏最小二乘法（PLS 法）。这两种方法具有很大的差异。LISREL 法对基于变量的协方差矩阵进行分析，目标是使理论模型隐含的协方差矩阵与样本协方差矩阵的“差距”最小。偏最小二乘法（PLS 法）最早由伍德等提出，它是一种将主成分分析与多元回归结合起来进行迭代估计因果建模的方法，主要通过一系列的迭代算法，找出各个潜变量之间及各潜变量与相应显变量之间的线性关系，估计出所有隐变量之间的路径系数和显变量与相应潜变量之间的负载系数等，通过一系列检验结果来评价内部、外部和整体模型的效果[141][142]。

由于协方差矩阵法源于因子分析，而 PLS 法主要由主成分分析发展而来，它们之间有着非常大的区别。首先，在分布假设上，LISREL 法必须保证显变量的联合分布状态为多元正态分布，而 PLS 法对显变量的分布没有严格的要求，仅满足一般线性回归分析的要求即可；其次，两者具有不同的建模目标，LISREL 法追求参数估计的准确性，PLS 法更偏向对模型进行预测；再次，在模型的适用性上，LISREL 法只适用于反映性测量模型，而 PLS 法则既可用于反映性测量模型，还可用于构成性测量模型；最后，在样本容量上，PLS 法可以在更少的样本上取得相对合理的结果，PLS 法非常适用于变量相对较多而样本相对较少的模型预测上。

二、PLS-SEM 模型构建

PLS-SEM 模型构建主要分为以下步骤：

（1）模型设定，最直观的方式便是通过路径图表示出变量之间的关系，其路径模型主要由两部分组成：反映观测变量与潜变量关系的测量模型、反映潜变量之间关系的结构模型。本章采用反映型指标测量方法：

$$x_{jh}=\pi_{jh}\xi_j+\varepsilon_{jh}$$

结构方程为：

$$\xi_j=\sum_{j\neq i}\beta_{ji}\xi_i+\eta_j$$

上述方程中，ξ_j 为潜变量，且经过标准化处理，π_{jh} 为因子负荷，β_{ji} 为路径系数；ε_{jh} 和 η_j 为误差修正项，均值为 0，且与预测变量不相关。

（2）模型估计，PLS 法的估计方法主要通过反复迭代求得潜变量的估计值，然后运用普通最小二乘法进行线性回归，求得结构模型的参数估计值。这一步骤主要对潜变量与其显变量之间的负载系数进行估计，从而观测负载系数解释与相对应潜变量的贡献度，以及对各潜变量之间的路径系数进行估计。

（3）模型检验，PLS 法模型检验包括唯一度检验、模型参数检验、外部模型评估、内部模型评估以及整体模型评估。

（4）模型评价，主要根据模型的检验结果判断其对实际数据和背景的拟合结果。

第三章

全面质量管理对企业技术创新的影响机制研究

第一节　研究思路

以本土化的卓越绩效模式为指导，对企业质量管理成熟性要素进行界定，将“领导、战略、顾客与市场、资源、过程管理、测量分析与改进”作为关键要素，并进行因素构念的区分探讨及具体衡量变量设计；借鉴我国 GB/Z 19579《卓越绩效评价准则实施指南》中的“过程—结果”模型及相关技术创新的理论研究，将“技术创新过程、技术创新绩效”作为关键要素，并将“渐进式创新过程、突破式创新过程”两种具有较大差异性的技术创新过程作为企业创新过程的关键要素，并进行因素构念的区分探讨及具体衡量变量设计；构建“质量管理成熟性—技术创新过程—技术创新绩效”的概念模型；选择 200 多家北京市企业为问卷调查对象，运用结构方程模型，确定质量管理成熟性对企业技术创新的影响路径和影响系数。

第二节　全面质量管理对企业技术创新模型构建

一、全面质量管理对企业技术创新的影响机理分析

在全面质量管理与企业技术创新的影响研究中，Perdomo - Ortiz (2009)[143]从战略管理角度出发，以 105 个西班牙工业企业的实证研究为数据，以创新能力作为调节变量，通过建立结构方程模型研究全面质量管理对技术创新的影响。研究发现，全面质量管理更多是通过人力资源管理来促进技术创新的发展，而且质量改进等可能会对创新带来负面影响；李

全喜（2011）[144]对质量管理和组织创新进行综述并研究两者之间的关系，在对多家企业进行问卷调查并建立结构方程模型后，发现质量管理可以直接影响到企业创新中的技术创新，并通过技术创新间接影响企业的管理创新。因而本书认为全面质量管理对企业技术创新有着正向的影响关系。

（一）领导与创新

全面质量管理作为质量管理发展的高级阶段，已不再是单纯的控制质量或统计质量，而是以人为中心，倡导全员参与的“刚柔并济”的质量管理模式。全面质量管理模式已经形成了以远见卓识的领导管理为核心的“领导—战略—顾客与市场”驱动大三角作用，引导和决定着质量管理的结果。领导的质量责任并不是某个特定领导的专有职责，而是所有领导必须承担的分内工作，领导必须具备成熟的质量意识[145]。Wen（2016）[146]通过对山东省和安徽省获得质量奖的企业进行问卷调查和专家访谈，利用企业在实施卓越后各指标达成度的提升值、增长率和年平均增长率三个变量，通过结构方程模型进行相关性分析，发现在相同水平下，全面质量管理过程中各部门高中层领导及其项目成就水平的提高幅度最高，尤其是高层领导和组织治理，这表明了组织对 PEM 核心价值观和“远见卓识”理念的广泛认可和深入实践。

企业的高层领导对质量管理目标或工作的承诺不仅包括了领导对质量责任和质量安全的监管和对组织质量绩效的考核，还体现了领导对企业文化的支持、宣贯和示范作用，对企业员工进行交流沟通及激励作用。企业高层管理者在对员工自主创新的资源支持、任务支持和情感支持方面，赋予员工获得参与工作的更大自主权，触发员工内在动机、创新欲望等[147][148]。

（二）战略与创新

质量管理中的战略从开始只围绕质量管理展开的战略规划，扩展为公司全面的战略计划。战略规划纳入到质量管理的范围，有利于形成质量改进的共同愿景，建立持续稳定的渐进式创新路径，引导企业全体员工向新产品开发或工艺改进方向努力[149]。全面质量管理过程中的战略包含了战略制定和战略部署两个部分。企业在制定战略时一般先基于企业文化，不断收集内外部环境的数据、信息，运用多种方法分析和预见未来，确立战略和战略目标[150]。这种强调对内外部信息的收集和筛选与公司内部资源的匹配过程，以及对市场变化快速反应和灵活变动的能力，为公司进行产品创新提供了可靠信息和能力评估。战略部署关键在于各职能部门领导基于组织的总体战略及各部门的业务战略对其部门设立战略目标以及战略实施计划，同时不断进行组织分析，针对内外部环境的变化进行战略调整、落实情况、评估战略实际效果与计划的偏差分析等。

Lee[151]（2013）在研究中发现全面质量管理过程中的战略管理对企业聚焦顾客与市场和进行过程管理有着积极的作用。当企业不断关注市场变化时，必能促进组织对新机遇和新需求的发现，从而有助于企业的创新发展。此外，组织在进行战略部署时要对企业各项资源如人力、财力、基础设施和相关方等资源进行统计规划和合理配置，同时要制订重要资源计划、测试和落实各职能战略的关键指标、确定公司和部门的考核标准和考核方式。企业在制定人力资源管理策略时，也会在一定程度上改善员工行为，提升员工的创造力，在关系导向上进一步促进员工创新，从而提升企业的创新能力和创新绩效[152]。

（三）顾客与市场及创新

以客户为中心是一种推动，鼓励组织不断寻找新的客户需求和期望，形成了企业不断改进和创新的前因，并帮助确保创新。Santos（2007）[154]发现企业聚焦于顾客与市场推动了企业在制定战略时的“力”，即攻击能力和防守能力，战略制定的攻击力决定了企业必须时刻走在市场的前沿，发现市场跳动脉搏，找出新的创新点。

另一些学者认为，顾客关注可能会抑制重要的创新，因为这一过程组织可能受限于满足现有顾客的需求和偏好，长期以往可能会阻碍产品的创新[149][153]。但是全面质量管理中的顾客关注不仅局限于现有客户的需求和偏好，更注重对潜在客户和潜在市场的开发和运用，而这种对未来市场的开发，满足未来客户的需求，是一种超前式的研究开发，更有助于企业的突破性创新。同时，追求顾客满意的全面质量管理，促进企业持续改进以不断满足顾客的需求，可以促进企业制定创新型战略规划和企业发展需要。所以，上述研究将顾客关注的内涵狭义化，并不具有完全的说服力。

（四）资源与创新

卓越绩效模式中所提的资源包含了与企业管理相关的所有资源，如人力、信息与知识、技术资源和相关方关系等。企业创新的本质是个体参与创新的过程，员工便是企业创新的主体[147]，Kim 的研究也证明了员工参与有助于企业产品创新和过程创新绩效。开放式创新背景下，供应商成为企业外部重要的创新知识源，与供应商建立紧密的战略合作关系有利于促进制造企业的新产品设计和现有产品工艺改进，从而提升新产品开发绩效[155]。同时，技术资源是企业技术创新不可缺少的驱动力，质量信息与分析工具成为组织提升技术创新水平的重要手段[156]。技术资源中所运用的多种质量管理工具，以其先进的管理方法和与时俱进的操作模式也为企业进行根本性创新带来了可能性。总之，全面质量管理实践中的资源管理为企业技术创新绩效带来强大的推动力。

（五）过程管理与创新

Kim 认为过程管理引发的惯例可以帮助企业进行创新，其中重复型惯例可以帮助企业确定最好的活动用于创新，而简单灵活的增强型惯例可以帮助组织应对外部急剧变化的市场和环境，有助于企业的激进式创新。过程本质是输入转化为输出的活动，公司投入各类资源，通过对过程进行策划、采用相应的过程控制方法转化出相应的产品和服务。为获得价值的最大化，公司必须对过程进行时时的检测和优化，不断进行改进和创新，而这个对过程进行优化的过程称为生产活动的过程创新或技术创新中的工艺创新。Hoang（2006）、Kim（2012）、Long（2015）也发现过程管理对企业多种创新模式有促进作用。

（六）测量、分析与改进和创新

质量大师戴明曾在其14点质量管理方法中明确提出组织需要通过持续改进以促进创新的观点。一些学者认为持续改进需要的标准化可能降低任务设计中的模糊性，使创新变得困难。针对这些观点，一些学者通过研究认为质量管理中的持续改进并不仅限于传统小修小补式的渐进创新，而是可能诱致重要的技术突破，为突破式创新奠定坚实的基础[147]。测量、分析与改进活动是为了确保产品、过程、质量体系的符合性和持续改进质量管理体系的有效性，而对相关流程进行规定、策划和实施所需的监视、测量、分析和改进过程。它更偏向于质量管理的反馈和改进过程，而随着全面质量管理的内涵不断延伸，现今的质量改进活动不仅强调流程再造，更鼓励从个人、部门、跨部门以及企业整体四个层面采取改进和创新措施，明确提出企业应用的统计技术、失效模式与影响分析、试验等，为改进和创新提供技术支持，将企业的产品创新和专利研发作为衡量企业测量、分析和改进活动成熟性的评价标准。

基于以上分析，可以发现全面质量管理对企业技术创新影响是多方面的，因而本书提出以下假设，见表3-1：

表3-1　全面质量管理对企业技术创新影响的假设

编号	研究假设
H1	全面质量管理成熟性对企业突破性技术创新绩效具有正向影响作用
H1a	领导实践对企业突破性技术创新绩效具有正向影响作用
H1b	战略对企业突破性技术创新绩效具有正向影响作用
H1c	顾客与市场对突破性技术创新绩效具有正向影响作用
H1d	资源对企业突破性技术创新绩效具有正向影响作用
H1e	过程管理对企业突破性技术创新绩效具有正向影响作用
H1f	测量、分析与改进对企业突破性技术创新绩效具有正向影响作用
H2	全面质量管理成熟性对企业渐进式技术创新绩效具有正向影响作用
H2a	领导实践对企业渐进式技术创新绩效具有正向影响作用
H2b	战略对企业渐进式技术创新绩效具有正向影响作用

续表

编号	研究假设
H2c	顾客与市场对企业渐进式技术创新绩效具有正向影响作用
H2d	资源对企业渐进式技术创新绩效具有正向影响作用
H2e	过程管理对企业渐进式技术创新绩效具有正向影响作用
H2f	测量、分析与改进对企业渐进式技术创新绩效具有正向影响作用
H3	全面质量管理成熟性对促进企业突破性技术创新过程有积极影响
H3a	领导实践对企业突破性技术创新过程具有正向影响作用
H3b	战略对企业突破性技术创新过程具有正向影响作用
H3c	顾客与市场对企业突破性技术创新过程具有正向影响作用
H3d	资源对企业突破性技术创新过程具有正向影响作用
H3e	过程管理对企业突破性技术创新过程具有正向影响作用
H3f	测量、分析与改进对企业突破性技术创新过程具有正向影响作用
H4	全面质量管理成熟性对促进企业渐进式技术创新过程有积极影响
H4a	领导实践对企业渐进式技术创新过程具有正向影响作用
H4b	战略对企业渐进式技术创新过程具有正向影响作用
H4c	顾客与市场对企业渐进式技术创新过程具有正向影响作用
H4d	资源对企业渐进式技术创新过程具有正向影响作用
H4e	过程管理对企业渐进式技术创新过程具有正向影响作用
H4f	测量、分析与改进对企业渐进式技术创新过程具有正向影响作用

二、全面质量管理对企业技术创新的概念模型构建

基于前文的分析，本书采用反映性模型研究全面质量管理对企业技术创新结果的影响机制，构建 PLS-SEM 模型，并使用 Smartpls 3.0 软件对模型进行估计和验证，以北京市企业作为问卷调查对象，对模型进行实证性研究。其概念模型和模型建立的路径见图 3-1 和图 3-2。

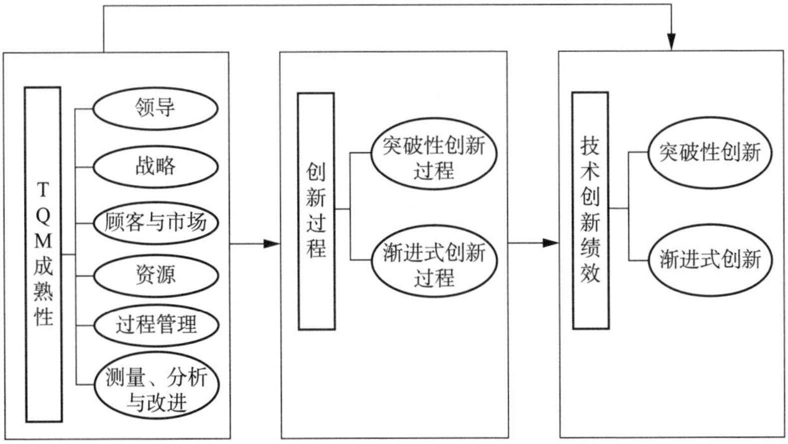

图 3-1　概念模型

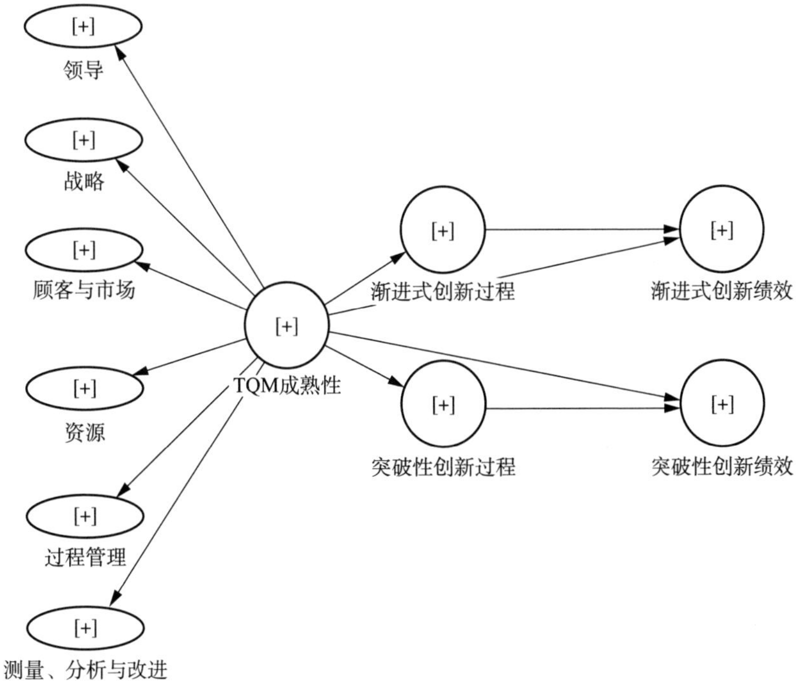

图 3-2　PLS 路径选择模型

第三节 变量设计

第二节对全面质量管理研究变量对企业技术创新的影响机理，及全面质量管理主要构成因素对企业技术创新可能带来的影响进行了分析，同时提出技术创新过程可能对技术创新结果带来的影响，以及其在全面质量管理实践与技术创新结果之间的中介作用，从而提出研究假设和概念模型，因此具体研究变量的测量包括全面质量管理成熟性、企业创新过程以及技术创新绩效。

一、全面质量管理成熟性的测量

通过对全面质量管理的构成要素进行梳理，发现不同学者虽对其构成要素各持观点，但有许多共同之处。通过对比分析发现，MBNQA 及卓越绩效模式所涵盖的质量管理实践更为广泛，因而本书依据本土化的卓越绩效模式，将领导、战略、顾客与市场、资源、过程管理、测量分析与改进作为全面质量管理活动的主要要素，并以量表得分高低作为测量企业各要素成熟性的标准。

二、企业创新过程的测量

创新过程的测量主要根据傅家骥教授等的研究，将过程创新分为三个构面：创新计划、研发管理、生产和营销，同时结合突破性创新和渐进式创新的特点，区分出两者的创新过程（18 个量表指标）。

三、技术创新绩效的测量

将技术创新分为突破性创新和渐进式创新，量表倾向于测量组织因技术创新取得的财务绩效和管理绩效。组织技术创新绩效测量有许多代表性的测量量表，如 He（2004）[160] 采用企业是否推出新产品、产品扩展的范围、是否开辟新市场、是否产生了新技术、现有产品质量的提高、生产的灵活性、生产成本和材料损耗等指标；Jansen（2006）[122]采用了7个测量指标对两种创新方式进行测量；Cao（2010）[161]采用了He的量表，采用了李克特比例进行打分，取得了较好的效果；党兴华（2013）[162]结合国内外多个量表进行改良，通过4个变量对渐进式创新进行测量、5个变量对突破性创新进行测量也取得了很好的研究效果；伍勇（2013）[163]各使用5个指标对两种创新方式进行测量；吴俊杰（2013）[164]将企业技术创新绩效分为创新成本、周期以及产品创新效益两个方面进行测量。本书结合国内外主要量表和本书的主要研究方法，将技术创新绩效按照突破性创新绩效和渐进式创新绩效两方面进行分类。

第四节　问卷设计

本书问卷采用五级Likert量表，分值越大表示题项描述与企业情况越符合，从“1”表示完全不符合到“5”表示完全符合均匀分布。主体共分为五部分：第一部分对本次调查问卷的研究目的进行说明；第二部分是对受访者个人的基本信息进行了解，包括填报人职位、企业所在行业、企业所有权性质、企业规模、是否实施全面质量管理构成；第三部分是对企业实施全面质量管理情况的评价，主要参考各省及全国质量奖评价所用框架和卓越绩效评价准则，将全面质量管理成熟性测量从领导、战略、顾客与市场、资源、过程管理、测量分析与改进六个方面进行题项设计；第四部分是对企业主要创新过程的实施情况进行测量；第五部分是对企业的突破性创新绩效和渐进式创新绩效进行调查，具体问项见下文。

一、全面质量管理成熟性的测量

量表依据本土化的卓越绩效模式，将领导、战略、顾客与市场、资源、过程管理、测量分析与改进作为全面质量管理活动的主要要素，以量表得分高低作为测量企业各要素成熟性的标准，其中的分析和问项主要参考《卓越绩效评价准则》进行设计，具体问项见表3-2。

表3-2　全面质量管理成熟性测量问项

测量指标	编号	测量题项描述
领导	LEAD1	企业高层领导确定了组织的核心文化，营造良好的质量管理和绩效管理氛围
	LEAD2	企业高层领导注重各相关方利益的保护，有效进行组织各方面绩效考核
	LEAD3	高层领导注重质量管理工作
战略	STRA1	组织制定了明确的长短期战略发展规划，有对应的时间表和关键的量化指标
	STRA2	组织制定战略时充分考虑了组织内外部环境以及顾客与市场的期望和需求
	STRA3	组织对战略目标实施情况进行实时监控，可以根据内外部环境变化及时调整战略规划和部署
顾客与市场	CUST1	组织拥有系统的方法了解顾客的需求和期望及竞争市场的变化趋势，进行顾客群与目标市场划分
	CUST2	组织可以根据自身特点将获取的顾客与市场信息用于产品和服务的设计和创新以及市场开发及营销过程
	CUST3	组织有明确的顾客查询、交易和投诉的接触方式，及时获取相关信息并用于产品和服务质量的改进
资源	RESO1	组织建立了以人为本的人力资源管理体系，促进员工的学习和发展，提高员工的满意程度
	RESO2	组织根据战略计划确定资金需求、保证资金的供给和周转
	RESO3	根据内外部环境、因素的变化和来自顾客、供方等的信息，对过程要求进行设计，并在柔性范围内对过程进行及时调整
	RESO4	企业对过程实施中和实施后进行监测，对关键过程指标进行监控保证价值创造
	RESO5	根据收集到的信息不断进行过程改进
过程	PROC1	根据内外部环境、因素的变化和来自顾客、供方等的信息，对过程要求进行设计，并在柔性范围内对过程进行及时调整
	PROC2	企业对过程实施中和实施后进行监测，对关键过程指标进行监控保证价值创造
	PROC3	根据收集到的信息不断进行过程改进

续表

测量指标	编号	测量题项描述
测量分析与改进	MEAR1	组织有有效的绩效测量体系来追踪总体的组织绩效
	MEAR2	组织运用科学方法对绩效结果进行分析评价，并确定改进的优先顺序
	MEAR3	明确各层次和所有部门、过程在改进与创新方面的计划和目标，应用多种方法组织各层次员工开展各种改进与创新活动

二、企业创新过程的测量

创新过程的量表分为在突破性创新和渐进式创新不同类型下的三个方面：创新计划、研发管理、生产和营销，共设计出 18 个问题，具体见表 3-3。

表 3-3　创新过程测量问项

测量项目	测量指标	编号	问项
突破性创新主要过程	创新计划	JH1	善于预测市场的发展趋势、识别顾客潜在需求
		JH2	对创新构思进行初步的市场和技术评估等进行筛选
		JH3	制定详细的项目开发计划书和任务书
	研发管理	YF1	企业建立了完全的新产品开发与管理程序
		YF2	对新技术等进行全面的概念确定和评估，确保设计实施的可行性
		YF3	注重对新知识和新技能的应用
	生产和营销	SX1	对生产计划和营销计划进行开发和战略制定
		SX2	制定完善的新产品营销战略和支持战略
		SX3	实施新产品上市计划并进行检测、控制及进行调整
渐进式创新主要过程	创新计划	JH4	注重市场和顾客的信息反馈
		JH5	对项目进行更为详细的市场调查
		JH6	制定详细的项目改进计划书和任务书
	研发管理	YF4	对原有产品或服务进行属性分析以发现不足
		YF5	在研发阶段注重产品价值工能的测试及成品的测试，确保价值实现
		YF6	注重对成熟技术的资源投入以提高效率

续表

测量项目	测量指标	编号	问项
渐进式创新主要过程	生产和营销	SX4	企业严格按照生产计划进行生产制造并进行实时监控
		SX5	巩固优化路径和开发流程的知识和技能
		SX6	对核心产品的生命周期和销售计划进行检测和调控

三、技术创新绩效的测量

技术创新绩效量表倾向于由技术创新所带来的财务绩效和管理绩效，并将技术创新绩效按照突破性创新绩效和渐进式创新绩效两方面进行分类，设计以下测量指标，见表 3-4。

表 3-4　技术创新绩效测量问项

测量指标	编号	测量题项描述
突破性创新	TP1	我们公司相对于同行业拥有更多的新产品和技术，并带来可观的收益
	TP2	重视开辟新的市场给我们公司带来财务绩效的帮助
	TP3	我们公司总是能掌握新的管理与组织技能提高创新效率
渐进式创新	JJ1	我们经常向市场投放现有产品或服务升级版本
	JJ2	改善现有产品和服务为我们公司带来了经济效益
	JJ3	我们经常改进流程和工艺带来了生产效率的提高

第五节　样本分析

一、样本描述性分析

累计发放调查问卷 370 份，剔除不完整、不合理的问卷后，得到有效问卷 292 份（问卷有效率为 79%），本书采用 SPSS 24 软件对收集的 292 份有效问卷进行频数分析，主要对参与调查的性别、工作职位、所在企业的性质及企业行业类型、企业规模，以及是否实施了全面质量管理进行描述性分析，结果见表 3-5。

表 3-5　样本基本信息描述性分析

样本总量	N=292
性别	男：180（61.6%）　女：112（39.4%）
工作职位	高级管理人员：87（29.8%） 中层管理人员：115（39.4%） 基层管理人员：56（19.2%） 其他：34（11.6%）
行业类型	采矿业：5（1.7%） 制造业：133（45.6%） 服务业：32（11.0%） 金融业：15（5.1%） 互联网行业：22（7.5%） 其他：85（29.1%）
企业性质	国有企业：41（14.0%） 民营企业：237（81.2%） 中外合资企业：9（3.1%） 其他：5（1.7%）
企业规模	100 人以下：36（12.3%） 100~500 人：81（27.7%） 501~2000 人：141（48.3%） 2000 人以上：34（11.7%）

由表 3-5 可以看出参与调查的有 29.8%的人属于企业的高层管理人员，58.6%的人属于企业的中层和基层管理人员，这确保了参与调查的人员对企业的管理情况、运营情况、战略目标和各部门战略的制定和实施等有着较为准确的了解，确保了问卷的有效性。参与调查人员所属企业的行业中，占比前三的是制造业（占比为 45.6%）、服务业（占比为 11.0%）和互联网行业（占比为 7.5%），这三大行业相对来说比较重视产品和服务质量以及技术创新。在企业性质上，国有企业和民营企业占据了 90%以上；在企业规模上，约 60%为大中型企业。这些基本符合北京市企业的基本情况。

本书通过 SPSS 24 软件对收集的数据进行正态检验，发现并不具有正态分布性，不能使用协方差法进行模型构建，由于 PLS 对数据分布没有正态性要求，因而本书采用 PLS-SEM 进行建模和估计。

二、信度与效度检验

（一）量表信度分析

量表的信度是量表的可靠性或稳定性，用以检验测量结果的稳定性及内部一致性，信度越高的样本数据，受样本差异的影响越小，数据的分析结果越可靠。本书采用 Cronbach's Alpha 系数对各构面的信度进行检验。各构面的 Alpha 系数达到 0.7 以上为理想信度数值，在 0.6~0.7 表示可以接受，若小于 0.6 应考虑重新修订量表或增删题项。总量表的 Alpha 系数最好在 0.8 以上，表示整体信度较高。根据信度系数的分类，本问卷具有良好的内部一致性。本书使用 SPSS 24 软件对全面质量管理实践部分、创新过程部分和技术创新结果部分分别进行了信度分析，结果如表 3-6至表 3-8所示，可以看出各模块均通过了信度检验，问卷具有良好的内部一致性。

表 3-6　全面质量管理成熟性信度检验

Cronbach 信度分析				
名称		校正项总计相关性（CITC）	题项已删除的α系数	Cronbach α 系数
领导	LEAD1	0.872	0.763	0.888
	LEAD2	0.719	0.920	
	LEAD3	0.836	0.796	
战略	STRA1	0.860	0.916	0.937
	STRA2	0.884	0.896	
	STRA3	0.865	0.911	
顾客与市场	CUST1	0.851	0.867	0.918
	CUST2	0.813	0.898	
	CUST3	0.837	0.879	
资源	RESO1	0.774	0.915	0.926
	RESO2	0.778	0.914	
	RESO3	0.835	0.903	
	RESO4	0.830	0.904	
	RESO5	0.809	0.908	

续表

Cronbach 信度分析				
名称		校正项总计相关性（CITC）	题项已删除的α系数	Cronbach α 系数
过程	PROC1	0. 855	0. 870	0. 92
	PROC2	0. 861	0. 866	
	PROC3	0. 799	0. 917	
测量、分析与改进	MEAR1	0. 772	0. 905	0. 908
	MEAR2	0. 831	0. 857	
	MEAR3	0. 849	0. 842	

表 3-7　创新过程信度检验

Cronbach 信度分析				
	名称	校正项总计相关性（CITC）	项已删除的α系数	Cronbach α 系数
创新计划	JH1	0. 788	0. 871	0. 891
	JH2	0. 757	0. 793	
	JH3	0. 769	0. 890	
	JH4	0. 764	0. 804	0. 887
	JH5	0. 785	0. 797	
	JH6	0. 783	0. 829	
研发过程	YF1	0. 808	0. 859	0. 903
	YF2	0. 786	0. 878	
	YF3	0. 826	0. 844	
	YF4	0. 802	0. 882	0. 901
	YF5	0. 804	0. 827	
	YF6	0. 775	0. 818	
实现过程	SX1	0. 912	0. 823	0. 920
	SX2	0. 905	0. 832	
	SX3	0. 754	0. 963	
	SX4	0. 795	0. 875	0. 902
	SX5	0. 752	0. 831	
	SX6	0. 785	0. 856	

表 3-8　技术创新绩效信度检验

Cronbach 信度分析				
	名称	校正项总计相关性（CITC）	题项已删除的 α 系数	Cronbach α 系数
渐进式创新	CPFW	0.863	0.911	0.936
	CPZL	0.887	0.892	
	SCXL	0.855	0.918	
突破性创新	XCP	0.861	0.912	0.936
	XSC	0.847	0.922	
	XGL	0.895	0.885	

（二）量表效度分析

对效度的检验主要考虑内容效度、建构效度和效标效度。内容效度是指调查问卷的内容与研究对象之间是否一致，本书的所有测量条款均有相关文献支撑，同时结合了本土化卓越绩效模式的特点，所有测量条款具有较好的内容效度。建构效度最早是指问卷调查结果表现出来的某种结构与理论结构的对应程度，是对整个测量量表内部结构一致性程度的反映，通过结构效度的分析可以将调查问卷中用于描述同一概念的不同问项归到同一个因子中，如果归类成功，说明测量量表具有较高的结构效度。效度分析使用最为广泛的方法是因子分析法。

借助因子分析法检验测量的建构效度，若各潜变量 KMO 值大于 0.50 且巴特利特球形检验时各变量均值在 0.001 水平上显著，表明数据适合进行因子分析；每个因子上的载荷均大于 0.45，累积解释度大于 60%，若因子载荷高 0.45 且累积解释变异量超过 60%，则可认为量表结构效度良好。检验结果可发现全面质量管理的六个实践、创新过程的三个方面及创新结果的两个方面等变量的 KMO 值均大于 0.70，巴特利特球形检验结果显著，各因子荷载符合标准，因此本书的测量具有较好的建构效度。具体如表 3-9至表 3-11 所示。

表 3-9 全面质量管理实践效度检验结果

潜变量	问项	领导	战略	顾客与市场	资源	过程	测量、分析与改进
领导	LEAD1	0.746	0.401	0.248	0.214	0.096	0.175
	LEAD2	0.894	0.131	0.145	0.111	0.161	0.114
	LEAD3	0.630	0.491	0.311	0.238	0.152	0.156
战略	STRA1	0.238	0.677	0.299	0.336	0.269	0.300
	STRA2	0.336	0.730	0.243	0.277	0.287	0.206
	STRA3	0.265	0.763	0.257	0.220	0.252	0.253
顾客与市场	CUST1	0.280	0.246	0.709	0.330	0.259	0.147
	CUST2	0.287	0.256	0.669	0.335	0.205	0.266
	CUST3	0.364	0.201	0.700	0.283	0.269	0.130
资源	RESO1	0.232	0.463	0.334	0.584	0.298	0.143
	RESO2	0.729	0.290	0.207	0.518	0.214	0.244
	RESO3	0.409	0.096	0.235	0.690	0.321	0.198
	RESO4	0.334	0.282	0.245	0.704	0.275	0.181
	RESO5	0.463	0.072	0.233	0.534	0.463	0.172
过程	PROC1	0.180	0.435	0.222	0.131	0.646	0.349
	PROC2	0.197	0.301	0.313	0.121	0.726	0.320
	PROC3	0.275	0.226	0.198	0.199	0.798	0.161
测量、分析与改进	MEAR1	0.453	0.130	0.355	0.117	0.273	0.649
	MEAR2	0.229	0.338	0.214	0.181	0.317	0.737
	MEAR3	0.232	0.335	0.276	0.208	0.273	0.718
特征根		3.619	3.040	2.678	2.634	2.613	2.571
累积方差解释率（旋转后）		85.774%					
KMO 值		0.954					
巴特利特球形值		3826.563					
P 值		0					

表 3-10 创新过程效度检验结果

创新过程	潜变量	问项	创新计划	研发过程	实现过程
突破性创新过程	创新计划	JH1	0.573	0.653	0.339
		JH2	0.840	0.301	0.347
		JH3	0.832	0.387	0.200
	研发过程	YF1	0.499	0.617	0.480
		YF2	0.283	0.545	0.291
		YF3	0.448	0.737	0.328
	实现过程	SX1	0.445	0.500	0.675
		SX2	0.387	0.545	0.669
		SX3	0.196	0.225	0.908
	特征根	2.911	2.643	2.425	
	累积方差解释率（旋转后）		88.651%		
	KMO 值		0.916		
	巴特利特球形值		1859.664		
	P 值		0		
渐进式创新过程	创新计划	JH4	0.776	0.043	0.351
		JH5	0.909	0.201	0.111
		JH6	0.808	0.333	0.154
	研发过程	YF4	0.214	0.744	0.324
		YF5	0.153	0.595	0.250
		YF6	0.466	0.857	0.187
	实现过程	SX4	0.322	0.510	0.880
		SX5	0.464	0.118	0.858
		SX6	0.296	0.261	0.869
	特征根	2.911	2.643	2.425	
	累积方差解释率（旋转后）	70.086%			
	KMO 值	0.838			
	巴特利特球形值	1113.681			
	P 值	0			

表 3-11　技术创新结果效度检验结果

潜变量	问项	突破性创新结果	渐进式创新结果
突破性创新	TP1	0.839	0.457
	TP2	0.796	0.527
	TP3	0.508	0.804
渐进式创新	JJ1	0.547	0.751
	JJ2	0.460	0.841
	JJ3	0.686	0.628
特征根		2.797	2.577
累积方差解释率（旋转后）		89.566%	
KMO 值		0.926	
巴特利特球形值		1288.944	
P 值		0	

第六节　实证分析

一、全面质量管理对企业技术创新的 PLS-SEM 模型检验

（一）单一维度检验

要确保 PLS 路径分析的有效性，首先需要对测量模型的单一维度进行评估。单一维度检验保证一组显变量只受一个标准化的潜变量的影响。PLS 模型唯一度检验主要通过 Cronbach's α 系数、DG's rho 系数，以及通过各组变量的主成分分析第一、第二特征值进行验证。如果一组显变量的相关系数矩阵的第一主成分特征值大于 1，其他特征值均小于 1，同时测量变量的 Cronbach's α 系数、DG's rho 系数值均大于 0.7，说明其具有唯一度。本书采用 SPSS 对显变量进行主成分分析，得出全面质量管理成熟性六个模块、创新过程三个模块以及技术创新绩效两个模块其第一个特征值都大于 1，第二个特征值都小于 1。用 Smartpls 3.0 软件采用 Cronbach's α 系数

和 DG's rho 系数分别为全面质量管理实践及其六个模块、创新过程及其三个模块以及技术创新的突破性创新和渐进式创新两个构成模块进行唯一度检验发现各项指标均大于 0.7，见表 3-12，说明这些测量模型具有唯一度。

表 3-12　单一维度检验结果

	Cronbach's Alpha	Rho-A	eig. 1st	eig. 2st
领导	0.898	0.919	2.535	0.319
战略	0.938	0.939	2.664	0.187
顾客与市场	0.918	0.918	2.584	0.228
资源	0.926	0.926	3.948	0.329
过程管理	0.920	0.922	2.588	0.258
测量、分析与改进	0.916	0.916	2.537	0.292
突破性创新过程	0.915	0.917	2.509	0.315
渐进式创新过程	0.915	0.917	2.511	0.275
渐进式创新绩效	0.936	0.936	2.661	0.207
突破性创新绩效	0.936	0.936	2.960	0.183

（二）模型估计参数的显著性检验

PLS-SEM 常用 Bootstrap 再抽样方法检验，本书采用 Smartpls 3.0 软件对样本数据进行 Bootstrap 再抽样检验，分别得到测量变量的负载系数（loadings）和权重以及模型的路径系数和总体效应，具体见表 3-13、表3-14。

表 3-13　测量变量的负载系数及权重 Bootstrap 检验部分

	负载系数			权重		
	初始样本（O）	样本均值（M）	T 统计量（| O/STDEV |）	初始样本（O）	样本均值（M）	T 统计量（| O/STDEV |）
CUST1←顾客与市场	0.934	0.935	78.407	0.357	0.357	51.366
CUST1←全面质量管理	0.809	0.814	17.845	0.061	0.061	18.027
CUST2←顾客与市场	0.918	0.920	49.525	0.365	0.364	27.333

续表

	负载系数			权重		
	初始样本（O）	样本均值（M）	T统计量（丨O/STDEV丨）	初始样本（O）	样本均值（M）	T统计量（丨O/STDEV丨）
CUST2←全面质量管理	0.827	0.830	25.252	0.062	0.062	22.054
CUST3←顾客与市场	0.928	0.928	52.384	0.357	0.357	40.816
CUST3←全面质量管理	0.808	0.813	19.563	0.062	0.062	19.672
LEAD1←领导	0.947	0.947	116.051	0.382	0.381	34.323
LEAD1←全面质量管理	0.741	0.742	16.416	0.057	0.056	18.808
LEAD2←领导	0.849	0.849	34.771	0.304	0.303	19.871
LEAD2←全面质量管理	0.590	0.591	10.839	0.046	0.045	14.016
LEAD3←领导	0.934	0.935	89.202	0.407	0.408	28.301
LEAD3←全面质量管理	0.790	0.793	22.622	0.060	0.060	23.452
MEAR1←测量、分析与改进	0.902	0.901	36.128	0.359	0.359	29.982
MEAR1←全面质量管理	0.816	0.818	24.343	0.064	0.064	24.886
MEAR2←测量、分析与改进	0.937	0.937	78.098	0.359	0.359	46.871
MEAR2←全面质量管理	0.817	0.818	24.590	0.065	0.064	24.375
MEAR3←测量、分析与改进	0.936	0.936	69.598	0.363	0.363	45.659
MEAR3←全面质量管理	0.827	0.828	22.580	0.066	0.065	23.285
PROC1←过程管理	0.929	0.928	51.696	0.363	0.363	41.758
PROC1←全面质量管理	0.835	0.834	29.627	0.064	0.064	25.102
PROC2←过程管理	0.942	0.943	96.426	0.367	0.368	47.626
PROC2←全面质量管理	0.844	0.845	30.693	0.065	0.065	27.979
PROC3←过程管理	0.915	0.914	51.257	0.346	0.346	51.264
PROC3←全面质量管理	0.796	0.796	21.478	0.061	0.061	24.129
RESO1←资源	0.859	0.861	25.808	0.233	0.233	22.381
RESO1←全面质量管理	0.837	0.838	23.275	0.063	0.063	17.710
RESO2←资源	0.862	0.863	36.723	0.235	0.235	29.389
RESO2←全面质量管理	0.847	0.848	33.534	0.065	0.065	27.606

续表

	负载系数			权重		
	初始样本（O）	样本均值（M）	T 统计量（丨O/STDEV丨）	初始样本（O）	样本均值（M）	T 统计量（丨O/STDEV丨）
RESO3←资源	0.895	0.893	28.449	0.221	0.221	27.942
RESO3←全面质量管理	0.795	0.796	18.786	0.060	0.060	22.393
RESO4←资源	0.895	0.895	39.333	0.229	0.230	27.973
RESO4←全面质量管理	0.824	0.827	28.804	0.062	0.062	23.462
RESO5←资源	0.879	0.878	41.285	0.221	0.221	33.531
RESO5←全面质量管理	0.795	0.795	24.273	0.061	0.061	26.941
STRA1←战略	0.940	0.939	92.728	0.359	0.360	47.442
STRA1←全面质量管理	0.854	0.854	39.480	0.065	0.065	28.113
STRA2←战略	0.949	0.950	112.623	0.356	0.357	55.434
STRA2←全面质量管理	0.847	0.847	30.332	0.064	0.064	25.617
STRA3←战略	0.941	0.942	90.474	0.344	0.344	55.515
STRA3←全面质量管理	0.817	0.817	24.088	0.061	0.061	24.022
JH4←渐进式创新过程	0.881	0.879	35.378	0.197	0.197	29.539
JH5←渐进式创新过程	0.915	0.913	37.936	0.204	0.205	28.985
JH6←渐进式创新过程	0.876	0.874	29.661	0.203	0.203	20.723
JH1←突破性创新过程	0.859	0.856	30.701	0.314	0.314	10.700
JH2←突破性创新过程	0.825	0.825	27.321	0.306	0.306	20.320
JH3←突破性创新过程	0.718	0.719	22.070	0.454	0.454	22.022
YF1←突破性创新过程	0.856	0.853	28.764	0.198	0.198	27.109
YF2←突破性创新过程	0.750	0.749	19.626	0.167	0.168	33.876
YF3←突破性创新过程	0.797	0.794	22.846	0.178	0.178	32.857
YF4←渐进式创新过程	0.912	0.912	54.150	0.344	0.344	53.432
YF5←渐进式创新过程	0.943	0.943	56.019	0.355	0.355	62.150
YF6←渐进式创新过程	0.912	0.912	58.037	0.343	0.343	47.718
SX1←突破性创新过程	0.852	0.849	28.832	0.197	0.197	38.162

续表

	负载系数			权重		
	初始样本（O）	样本均值（M）	T 统计量（｜O/STDEV｜）	初始样本（O）	样本均值（M）	T 统计量（｜O/STDEV｜）
SX2←突破性创新过程	0. 848	0. 846	27. 906	0. 189	0. 189	31. 924
SX3←突破性创新过程	0. 591	0. 587	8. 906	0. 137	0. 136	12. 007
SX4←渐进式创新过程	0. 894	0. 889	32. 336	0. 207	0. 206	29. 910
SX5←渐进式创新过程	0. 906	0. 902	36. 750	0. 202	0. 202	31. 311
SX6←渐进式创新过程	0. 901	0. 899	37. 695	0. 208	0. 209	28. 317
TP1←突破性创新绩效	0. 964	0. 963	44. 411	0. 465	0. 466	23. 527
TP2←突破性创新绩效	0. 535	0. 529	7. 425	0. 258	0. 255	9. 282
TP3←突破性创新绩效	0. 863	0. 864	30. 786	0. 416	0. 417	26. 320
JJ1←渐进式创新绩效	0. 948	0. 947	60. 870	0. 363	0. 363	34. 158
JJ2←渐进式创新绩效	0. 897	0. 898	21. 507	0. 344	0. 344	37. 880
JJ3←渐进式创新绩效	0. 912	0. 912	47. 574	0. 349	0. 350	37. 542

表 3-14　测量模型路径系数 T 统计检验结果

	样本均值（M）	标准差（STDEV）	T 统计量（｜O/STDEV｜）	P 值
全面质量管理成熟性→渐进式创新过程	0. 924	0. 924	39. 325	0. 000
全面质量管理成熟性→突破性创新过程	0. 887	0. 888	33. 642	0. 000
渐进式创新过程→渐进式创新绩效	1. 076	1. 126	4. 589	0. 000
突破性创新过程→突破性创新绩效	1. 086	1. 105	5. 985	0. 000
全面质量管理成熟性→渐进式创新绩效	0. 765	0. 766	32. 173	0. 000
全面质量管理成熟性→突破性创新绩效	-0. 189	-0. 209	0. 963	0. 336

由以上 Bootstrap 抽样检查结果可发现，测量模型的负载系数和外部权重系数的 T 值均大于 1. 96，即通过了显著性检验，说明在 5%的置信水平上，本测量模型具有很好的解释水平，模型显著性检验结果很好。从模型路径系数检验结果中可以发现，全面质量管理成熟性对渐进式创新过程和突破性创新过程的影响路径、渐进式创新过程对渐进式创新绩效的影响路径、突破性创新过程对突破性创新绩效的影响路径均通过了显著性检验；

在结果影响路径中，全面质量管理成熟性对渐进式创新绩效的影响路径通过了显著性检验，而对突破性创新绩效的影响路径 T 值小于 1.96，即未通过显著性检验，则全面质量管理成熟性对突破性创新绩效可能没有直接的影响。

二、全面质量管理对企业技术创新的 PLS-SEM 模型分析

（一）结构模型的效度分析

PLS-SEM 结构模型效度分析包括了对模型内部潜在变量拟合优度检验 R^2、路径系数分析、效应量（effect size）f^2、可预测相关性（predictive relevance）Q^2 进行检验。其中 R^2 需大于 0.67 才具有实证性的解释价值，外生变量对内生变量的影响力 f^2 需大于 0.15 才具有一定的效应，当大于 0.35 时说明具有很高的影响力，Q^2 通过 Smartpls 的 blindfolding 求得，Q^2 值越大说明模型的预测性越好。

本书运用 Smartpls 3.0 软件对全面质量管理与企业技术创新 PLE-SEM 影响模型进行模型效度分析，得到以下结果，见表 3-15、表 3-16。

表 3-15　测量模型测量变量拟合优度 R Square

测量指标	R^2	调整后 R^2
战略	0.791	0.790
顾客与市场	0.774	0.773
领导	0.614	0.612
测量、分析与改进	0.785	0.784
研发过程	0.921	0.921
资源	0.874	0.873
过程管理	0.789	0.788
渐进式创新过程	0.783	0.782
突破性创新过程	0.720	0.719
突破性创新绩效	0.964	0.964
渐进式创新绩效	0.963	0.963

表 3-16　测量模型效应量结果 f^2

	全面质量管理成熟性	战略	测量、分析与改进	资源	过程管理	顾客与市场	领导	突破性创新过程	渐进式创新过程	突破性创新绩效	渐进式创新绩效
全面质量管理成熟性		3. 795	3. 659	6. 912	3. 748	3. 421	1. 593	2. 574	3. 610	0. 08	0. 51
突破性创新过程										0. 782	
渐进式创新过程											0. 443

从表 3-16 可以看出，本书所构建的测量模型各测量指标的 R^2 值均大于 0. 67，说明本模型具有非常好的解释能力，模型的拟合效果比较高；测量模型效应量结果 f^2，除全面质量管理对突破性技术创新绩效的效应量低于 0. 15 外，其余潜变量效应值均远高于 0. 35，因而暂时认为全面质量管理对突破性技术创新绩效不具有影响力，而全面质量管理对渐进式创新过程、突破性创新过程以及渐进式创新过程和突破性创新过程对技术创新绩效的效应量通过检验，所以下文将继续分析全面质量管理与企业技术创新之间是否存在间接影响关系。通过 blindfolding 检验发现本书模型的可预测相关性（predictive relevance）Q^2 均大于 0. 5，说明该模型预测功能较强。

（二）模型区别效度结果分析

PLS-SEM 的模型区别效度验证方法包括交叉负载荷载量、组合信度和 AVE 值，其中不同构面之间测量变量的交叉荷载量（cross loading）应小于同一构面的因子荷载量（factor loading），组合信度值大于 0. 7，平均抽取变异量 AVE 大于 0. 5。在进行量表的效度分析时，该模型数据在因子分析时已经通过了交叉负载荷载量检验，本模型测量变量的组合信度和 AVE 值见表3-17。

表3-17 测量模型测量变量的组合信度和AVE值

测量变量	组合信度	平均抽取变异量（AVE）
全面质量管理	0.974	0.652
测量、分析与改进	0.947	0.856
过程管理	0.950	0.863
资源	0.944	0.771
战略	0.960	0.890
顾客与市场	0.948	0.859
领导	0.936	0.830
突破性创新过程	0.946	0.855
渐进式创新过程	0.952	0.870
突破性创新绩效	0.959	0.887
渐进式创新绩效	0.959	0.887

由表3-17可见，模型中各测量变量的组合信度均大于0.90，均高于Nunally提出的综合信度临界值0.70，平均提取变异量（AVE）中最小值全面质量管理为0.652，大于0.5，即说明模型中各潜变量之间的测量变量具有较高的区别度，测量变量收敛度高，说明本模型具有很高的可信度。

（三）潜变量的相关系数

PLS-SEM中各潜变量的相关系数反映了模型之间的相关性，更好地解释了模型各潜在变量之间的影响关系，数据模型检验结果见表3-18。

表3-18 潜变量相关系数

	全面质量管理	突破性创新过程	渐进式创新过程	战略	突破性创新绩效	渐进式创新绩效	测量、分析与改进	资源	过程管理	顾客与市场	领导
全面质量管理	1.000										

续表

	全面质量管理	突破性创新过程	渐进式创新过程	战略	突破性创新绩效	渐进式创新绩效	测量、分析与改进	资源	过程管理	顾客与市场	领导
突破性创新过程	0.849	1.000									
渐进式创新过程	0.885	0.782	1.000								
战略	0.890	0.741	0.643	1.000							
突破性创新绩效	0.742	0.865	0.842	0.641	1.000						
渐进式创新绩效	0.772	0.842	0.847	0.589	0.927	1.000					
测量、分析与改进	0.886	0.908	0.732	0.764	0.811	0.786	1.000				
资源	0.935	0.838	0.695	0.783	0.737	0.718	0.833	1.000			
过程管理	0.888	0.776	0.757	0.724	0.683	0.662	0.744	0.850	1.000		
顾客与市场	0.880	0.716	0.607	0.737	0.575	0.578	0.713	0.745	0.737	1.000	
领导	0.784	0.666	0.547	0.697	0.543	0.554	0.584	0.618	0.594	0.759	1.000

由以上结果可以看出，全面质量管理和企业技术创新影响机制模型中各个潜变量之间均存在一定的相关性，这为以后的分析做了充分的准备。

三、全面质量管理对企业技术创新 PLS-SEM 模型的路径分析

（一）直接效应分析

通过上文分析，可以得到研究模型的路径系数（见图 3-3），虽然

研究潜变量之间都具有一定的相关性，但其影响关系是否显著还需要通过显著性检验来确定，该 PLS 模型路径系数显著性检验结果见表3-19。

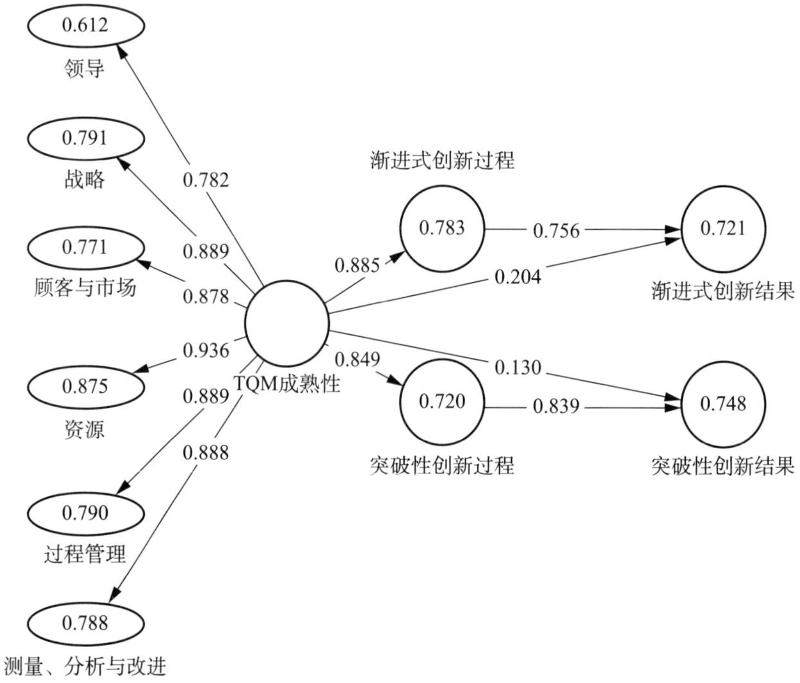

图 3-3 路径系数图

表 3-19 各潜变量影响路径系数表

影响路径	初始样本（O）	样本均值（M）	标准差（STDEV）	T 统计量（| O/STDEV |）	P 值
全面质量管理成熟性→战略	0. 930	0. 932	0. 022	41. 764	0. 000
全面质量管理成熟性→测量、分析与改进	0. 940	0. 939	0. 029	32. 173	0. 000
全面质量管理成熟性→渐进式创新绩效	0. 265	0. 317	0. 260	2. 637	0. 000
全面质量管理成熟性→渐进式创新过程	0. 924	0. 924	0. 023	39. 325	0. 000

续表

影响路径	初始样本（O）	样本均值（M）	标准差（STDEV）	T统计量（｜O/STDEV｜）	P值
全面质量管理成熟性→突破性创新绩效	-0.189	-0.209	0.196	0.963	0.336
全面质量管理成熟性→突破性创新过程	0.887	0.888	0.026	33.642	0.000
全面质量管理成熟性→资源	0.986	0.986	0.014	68.033	0.000
全面质量管理成熟性→过程管理	0.939	0.940	0.029	31.956	0.000
全面质量管理成熟性→顾客与市场	0.929	0.928	0.031	30.394	0.000
全面质量管理成熟性→领导	0.827	0.825	0.045	18.237	0.000
渐进式创新过程→渐进式创新绩效	1.076	1.126	0.235	4.589	0.000
突破性创新过程→突破性创新绩效	1.086	1.105	0.181	5.985	0.000

由图3-3、表3-19可以看出，全面质量管理对其六个模块变量的路径系数为0.782~0.936，T检验值均大于1.960，即通过了显著性检验，进一步证明了所选用的六个测量指标能够较好代表企业实施全面质量管理的具体实践。同样地，渐进式创新过程与渐进式创新绩效、突破性创新过程对突破性创新绩效的路径系数为0.70~0.84，它们的T检验值也都远远大于1.96，说明所选指标具有很强的代表性。

在“全面质量管理成熟性—创新过程—技术创新绩效”模型的影响路径研究中，可以看到全面质量管理成熟性对渐进式创新过程的影响路径系数为0.885，对突破性创新绩效的影响路径系数为0.849，渐进式创新过程对渐进式创新绩效的影响路径系数为0.756，突破性创新过程对突破性创新绩效的影响路径系数为0.839，它们的T检验值均大于1.960，即通过验证。全面质量管理成熟性对渐进式技术创新绩效的影响路径系数为0.202，T检验值为2.637，通过了显著性检验；全面质量管理成熟性对突破性技术创新结果的影响路径系数为 0. 130，T 检验值为 0. 963，低于显著标准，因而可以得出全面质量管理成熟性对突破性技术创新结果的影响作用是不显著的。

（二）间接效应分析

通过 PLS-SEM 模型运行的结果可以发现，“全面质量管理—突破性技术创新绩效”的影响路径并未通过检验，因而本书否定了假设 1，即全面质量管理及其各模块对技术创新结果并没有直接的影响。为了进一步验证全面质量管理能否通过创新过程对技术创新结果产生影响，本书根据 Bootstrapping 再抽样检验出的显著性结果对模型的主要中介作用进行分析，得到结果见表 3-20：

表 3-20　主要间接效应影响结果

主要间接效应	初始样本（O）	样本均值（M）	标准差（STDEV）	T 统计量（| O/STDEV |）	P 值
全面质量管理成熟性→渐进式创新过程→渐进式创新绩效	0. 994	1. 043	0. 236	4. 221	0. 000
全面质量管理成熟性→突破性创新过程→突破性创新绩效	0. 964	0. 982	0. 173	5. 579	0. 000

表 3-20 再次论证了全面质量管理对技术创新过程有直接影响，技术创新过程对技术创新结果有直接影响。在技术创新绩效中，突破性技术创新绩效不能对全面质量管理成熟性产生直接效应，而“全面质量管理成熟性—突破性创新过程—突破性技术创新绩效”的间接中介效应的 T 检验值为 5. 579，“全面质量管理—渐进式创新过程—渐进式技术创新绩效”的间接中介效应的 T 检验值为 4. 221，均远大于 1. 960，通过了显著性检验。因而可以得出企业的创新过程在全面质量管理对企业技术创新绩效的影响中起着完全中介作用。

四、全面质量管理对企业技术创新结果影响模型的验证结果分析

（一）假设 1 和假设 2 检验结果分析

经由表 3-21 的结果可以发现全面质量管理对企业技术创新绩效的路径系数小于 0.200，显著性检验值 T 值小于 1.960，可以得出全面质量管理并不能直接对企业技术创新绩效结果产生正向影响。即假设 H1 未通过检验，全面质量管理成熟性对企业渐进式技术创新绩效的路径系数为 0.204，T 值为 2.637，大于 1.960，即全面质量管理成熟性对企业渐进式技术创新绩效具有正向的影响关系。为验证 H1a～H1f 的合理性，确定全面质量管理六个维度对技术创新绩效的直接影响关系，本书又进行了各维度影响路径分析，见图 3-4 和表 3-21。

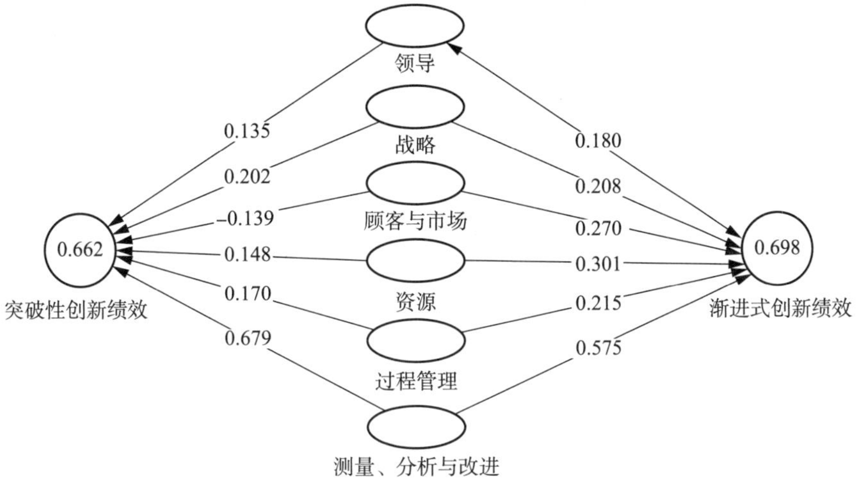

图 3-4　直接影响路径研究

表 3-21　全面质量管理成熟性六个子模块对技术创新绩效影响效应分析

绩效类型	全面质量管理要素	路径系数	T 统计量
突破性创新绩效	领导	0.135	1.302
	战略	0.202	2.388
	顾客与市场	-0.139	0.729
	资源	0.148	1.398
	过程管理	0.170	1.282
	测量、分析与改进	0.679	5.533
渐进式创新绩效	领导	0.180	1.553
	战略	0.208	2.713
	顾客与市场	0.270	2.697
	资源	0.301	2.296
	过程管理	0.215	3.489
	测量、分析与改进	0.575	5.601

由表 3-21 可以看出领导、顾客与市场、过程管理和资源对突破性技术创新绩效结果的 T 统计量均小于 1.960，即并未通过显著性检验，而战略对突破性技术创新绩效的影响路径系数为 0.202，T 统计量为 2.388，测量、分析与改进对突破性技术创新绩效结果的路径系数为 0.679，T 统计量为 5.533，均大于 1.960，通过了显著性检验。因而可以得出 H1、H1a、H1c、H1d、H1e 均未通过检验，H1b、H1f 通过显著性检验。总体来看，虽然全面质量管理成熟性对突破性技术创新绩效结果并没有非常显著的影响，但其战略和测量、分析与改进模块对突破性技术创新绩效模块具有一定的影响。在全面质量管理各模块对企业渐进式创新绩效的影响路径验证中，可以看到除领导外各模块的路径系数均大于 0.200，T 统计量均大于 1.960，即通过了显著性检验，则可以得出假设 2 除 H2a 未通过检验外，其余均通过检验。直接效应主要检验结果见表 3-22。

表 3-22　假设 1 和假设 2 检验结果

编号	研究假设	是否通过
H1	全面质量管理成熟性对企业突破性创新绩效具有正向影响作用	否
H1a	领导实践对企业突破性技术创新结果具有正向影响作用	否
H1b	战略对企业技术突破性创新结果具有正向影响作用	是
H1c	顾客与市场对企业突破性技术创新结果具有正向影响作用	否
H1d	资源对企业突破性技术创新结果具有正向影响作用	否
H1e	过程管理对企业突破性技术创新结果具有正向影响作用	否
H1f	测量、分析与改进对企业突破性技术创新结果具有正向影响作用	是
H2	全面质量管理成熟性对企业渐进式创新绩效具有正向影响作用	是
H2a	领导实践对企业渐进式技术创新结果具有正向影响作用	否
H2b	战略对企业渐进式技术创新结果具有正向影响作用	是
H2c	顾客与市场对企业渐进式技术创新结果具有正向影响作用	是
H2d	资源对企业渐进式技术创新结果具有正向影响作用	是
H2e	过程管理对企业渐进式技术创新结果具有正向影响作用	是
H2f	测量、分析与改进对企业渐进式技术创新结果具有正向影响作用	是

（二）假设 3 和假设 4 检验结果分析

经由实验发现，全面质量管理成熟性对突破性创新过程的路径系数为 0.849，T 统计量为 33.642，全面质量管理成熟性对渐进式创新过程的路径系数为 0.885，T 统计量为 39.325，均远远大于 1.960，即通过了显著性检验，说明全面质量管理成熟性无论对突破性创新过程还是渐进式创新过程均有着显著性的影响，则假设 3 和假设 4 均通过检验。根据全面质量管理对领导、战略等六个模块的影响系数的大小，可知全面质量管理六个模块中最为重要的为资源管理，其对全面质量管理的贡献度达到了 0.935。为确定全面质量管理六个维度对创新过程的影响关系，本书又进行了各维度影响路径分析，见图 3-5 和表 3-23。

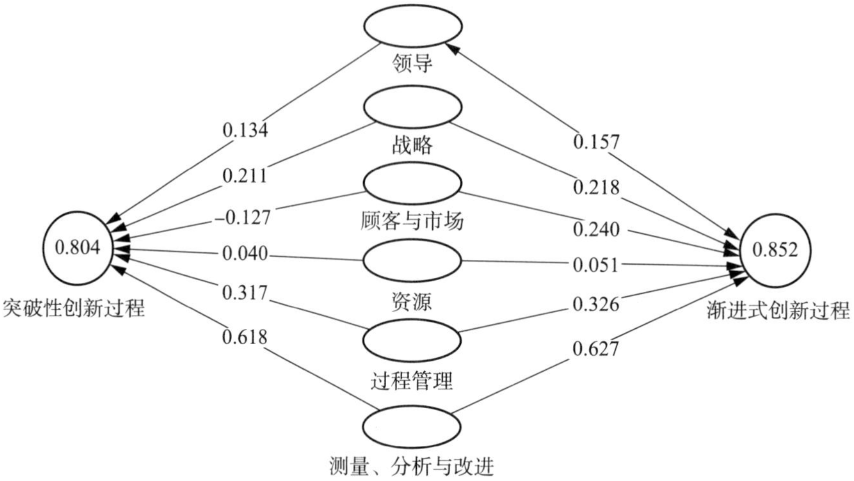

图 3-5　全面质量管理成熟性对创新过程影响路径研究

表 3-23　全面质量管理六个子模块对创新过程影响效应分析

过程	全面质量管理要素	路径系数	T 统计量
突破性创新过程	领导	0.134	1.150
	战略	0.211	2.305
	顾客与市场	-0.127	0.305
	测量、分析与改进	0.618	5.527
	资源	0.040	0.301
	过程管理	0.317	3.872
渐进式创新过程	领导	0.157	1.564
	战略	0.218	2.198
	顾客与市场	0.240	2.303
	测量分析与改进	0.627	5.304
	资源	0.051	0.288
	过程管理	0.326	3.019

由表 3-23 可以看出，领导、顾客与市场、资源对突破性技术创新过程的 T 统计量均小于 1.96，即并未通过显著性检验；而战略对突破性创新过程的影响路径系数为 0.211，T 统计值为 2.305；过程管理对突破性创新过程的影响路径系数为 0.317，T 统计值为 3.872；测量分析与改进对技术

创新结果的路径系数为 0.618，T 统计量为 5.527，大于 1.960，即通过了显著性检验；因此可以看出 H3a、H3c、H3d 均未通过检验，H3、H3b、H3e、H3f 通过显著性检验。在渐进式创新过程影响路径研究中，可以看出领导和资源对渐进式创新过程的影响路径小于 0.200，T 统计量小于 1.960，即未通过检验，其余则均通过显著性检验。总体来看，全面质量管理对企业突破性创新和渐进式创新过程具有正向的影响关系，其中战略、过程管理、测量分析与改进模块也直接影响了企业各个创新过程，具体结果见表 3-24。

表 3-24　假设 3 和假设 4 检验结果

编号	研究假设	是否通过
H3	全面质量管理成熟性对促进企业突破性技术创新过程有积极影响	是
H3a	领导实践对企业突破性技术创新过程具有正向影响作用	否
H3b	战略对企业突破性技术创新过程具有正向影响作用	是
H3c	顾客与市场对企业突破性技术创新过程具有正向影响作用	否
H3d	资源对企业突破性技术创新过程具有正向影响作用	否
H3e	过程管理对企业突破性技术创新过程具有正向影响作用	是
H3f	测量、分析与改进对企业突破性技术创新过程具有正向影响作用	是
H4	全面质量管理成熟性对促进企业渐进式技术创新过程有积极影响	是
H4a	领导实践对企业渐进式技术创新过程具有正向影响作用	是
H4b	战略对企业渐进式技术创新过程具有正向影响作用	是
H4c	顾客与市场对企业渐进式技术创新过程具有正向影响作用	是
H4d	资源对企业渐进式技术创新过程具有正向影响作用	是
H4e	过程管理对企业渐进式技术创新过程具有正向影响作用	是
H4f	测量、分析与改进对企业渐进式技术创新过程具有正向影响作用	是

（三）假设 5 到假设 8 检验结果分析

突破性创新过程对其结果的影响路径系数为 0.839，T 统计值为 5.985；渐进式创新过程对其结果的影响路径系数为 0.756，T 统计值为 4.589，即通过了显著性检验；主要间接效应结果分析发现全面质量管理成熟性分别通过对突破性和渐进式创新过程对其技术创新绩效产生影响，具体见表 3-25。结合假设 1 和假设 2 的验证结论，可以得出突破性创新过程在“全面质量管理成熟性—突破性技术创新绩效”影响路径中起着完全中介作用；而渐进式创新过程在“全面质量管理成熟性—渐进式创新绩效”影响路径中起着部分中介作用，因而假设 5 至假设 8 均通过了检验，具体结果见表 3-26。

表 3-25 主要影响路径检验结果

影响路径	路径系数	T 值	P 值
渐进式创新过程→渐进式创新绩效	0. 756	4. 589	0. 000
突破性创新过程→突破性创新绩效	0. 839	5. 985	0. 000
全面质量管理成熟性→突破性创新过程→突破性创新绩效	—	5. 579	0. 000
全面质量管理成熟性→渐进式创新过程→渐进式创新绩效	—	4. 221	0. 000

表 3-26 假设 5 至假设 8 检验结果

编号	研究假设	是否通过
H5	突破式创新过程对突破性技术创新绩效具有正向影响	是
H6	渐进式创新过程对渐进式技术创新绩效具有正向影响	是
H7	全面质量管理成熟性通过突破性创新过程间接影响企业的技术创新的突破性创新	是
H8	全面质量管理成熟性通过突破性创新过程间接影响企业的技术创新的渐进式创新	是

综上研究可以发现，本书假设 H1、H1a、H1b、H1c、H1d、H1e 均未通过检验，假设 H1b、H1f 通过显著性检验，可以得出虽然全面质量管理成熟性对突破性技术创新绩效结果并没有非常显著的影响，但其战略、测量分析与改进对突破性技术创新绩效模块具有一定的影响，而假设 H5、H7 通过了检验，说明突破性创新过程在“全面质量管理成熟性—突破性技术创新绩效”影响路径中起着完全中介作用；假设 H2 中仅 H2a 未通过检验，H6、H8 通过检验，说明渐进式创新过程在“全面质量管理成熟性—渐进式创新绩效”影响路径中起着部分中介作用，同时全面质量管理中大多数要素对企业渐进式创新起着直接的影响作用。

第四章

基于企业生命周期调节作用的全面质量管理对企业技术创新的影响研究

第一节　研究思路

以申报的北京市 292 家企业作为问卷调查对象，以企业生命周期为调节变量，利用 Amos17.0 建立了结构方程模型研究企业生命周期的不同阶段全面质量管理实践对技术创新的影响，分析企业生命周期四个阶段（初创期、成长期、成熟期、再生期）差异化的调节作用，得出不同企业生命周期阶段全面质量管理的重点对策，以促进企业技术创新。

第二节　企业生命周期的不同阶段全面质量管理对技术创新影响的模型构建

一、模型假设

应当采取哪种指标进行企业生命周期划分，已有研究并未得出一致的结论，但采用多个指标综合进行划分是较为常见的方式。本书在调查问卷中，从产品规模、业务增长方式、组织正式化程度和企业面临的主要问题 4 个方面对研究对象所处的生命周期阶段进行了综合划分，将其划分为初创期、成长期、成熟期和再生期 4 个阶段[165]。

（一）生命周期调节全面质量管理与企业技术创新的关系

全面质量管理的各项活动，其核心目的是提高产品与生产过程质量。这一“质量”的概念可以分为三个层次：产品达到行业标准，实现稳定生产；产品达到或超出顾客对特定属性的预期；提高企业竞争力，实现企业内部生产运营的稳健发展。不同于普通的质量管理实践，全面质量管理旨在“全面”，通过现行生产技术和产品质量的高标准实现技术积累，以质量改进为目的实现渐进型创新，并再度积累实现突破型创新[166][167]。

（二）全面质量管理与企业技术创新

创新是组织获取竞争优势的核心要素。技术创新这一概念最早可以追溯到熊彼特在《经济发展理论》[168]一书中提出的5种企业技术创新发展过程。在近期研究中，技术创新的概念可以总结为：一种新思想和非连续的技术活动，经过发展后能够在实际中得到应用。根据文献梳理，全面质量管理对于企业技术创新有两方面的影响：①直接影响。质量管理的思想与企业创新的原则吻合，这样的一致性指导了企业同时从事提高产品质量和进行技术创新的活动。②间接影响。全面质量管理可以通过创新过程间接地影响创新结果，例如，在卓越绩效模式中，领导和资源对于创新活动的关注和投入，过程管理、测量分析与改进对于创新过程的控制，都有助于提高创新过程的投入和稳定性，从而提高创新结果的产出[169][170]。此外，全面质量管理各项活动之间错综复杂的协同效应对于技术创新具有影响[171]。

大部分学者采用确定性的观点，即认为全面质量管理对创新有积极的推动作用；也有一些相反的观点，如一些学者认为全面质量管理的持续改进理念使企业短视，对重大创新的推进有阻碍作用[177]；另一些研究则认为，全面质量管理的作用根据创新类型的不同有差异，一些全面质量管理活动主要促进了企业渐进式创新，对于突破式创新是一种阻碍，而另一些全面质量管理活动则因其定规性阻碍了创新[178]。关于技术创新的类型，以往的研究中有多种分类方法，可以分为过程创新和产品创新、渐进式创新和突破式创新、自主创新和引进创新等不同类型。本书按照突破式创新和渐进式创新进行分类研究，将突破式创新定义为企业研发出能够拓宽市场或改变消费者习惯的新产品、新技术、新模式，而其余为企业创造价值的创新则被归于渐进式创新。

全面质量管理与企业技术创新之间的作用受到许多因素的影响而产生差异[179]。本书认为，在企业生命周期的不同阶段，全面质量管理实施的效果存在差异，这一差异的来源可能有以下几方面原因：①在企业生命周期的不同阶段，企业有不同的核心特征，例如可控性和灵活性，这些特征的变化影响了全面质量管理的实施；②在企业生命周期的不同阶段，技术创新的特征有所不同，因此可能在某些特定时期企业实施全面质量管理所需要的支持活动与技术创新所需要的活动出现冲突，从而导致全面质量管理对技术创新有负面的影响；③随着企业的发展，企业的综合制造、营运、管理能力不断提高，全面质量管理实践日趋成熟，全面质量管理的成熟性对企业的技术创新有更为积极的影响作用。

因此本书提出以下假设：

H1：全面质量管理对企业技术创新有显著正向作用。

H2：企业生命周期阶段对全面质量管理与企业技术创新的关系产生差异性调节作用。

（三）企业生命周期的调节作用

（1）初创期企业。企业在初创期具有企业家导向、聚焦战略导向、创新导向的特点。企业家导向能够使企业保持高度的前瞻性、承担风险的能力；聚焦战略导向能够使企业定位在狭窄的利基市场上，集中有限的资源进行研究开发；创新导向使企业获得技术上的突破，开拓新市场，获取剩余利润。

（2）成长期企业。在成长期，企业的创新重点由产品服务创新和技术创新逐步转为管理创新，要在反复摸索中建立自身的管理体系。一方面，企业要根据市场反应和试营业结果调整自己的产品，并以销售导向作为这一阶段企业行为的主要特征；另一方面，企业将在这一阶段成立各个职能部门，建立企业文化，同时又要协调各个部门以保证生产能力与日益增长的销售相匹配。相比于初创期，此时企业已经在市场上站稳了脚跟，所受到的外部压力相对较小，企业本身的行为对绩效的影响更显著。在这一阶段企业主要面对两大问题：对外要开拓市场，提高销售增长率；对内要扩大规模，逐步形成固定的管理模式。由于规章制度成型，企业从高度的个人集权逐渐开始授权，但决策权仍集中在高层手中；企业内部可能会经历一些剧烈的变革以使管理模式与成长阶段相适应，变革的成功与否直接体现了企业技术创新能力的大小。在成长期的企业通过各个方面的不断优化，达到最优状态的“盛年”。

（3）成熟期企业。在成熟期的企业资源相对更充裕，仍保持着较强的创新热情和进取精神，组织规模的扩大使企业能够承担更复杂的创新任务。其主营业务和内部管理都已趋于稳定，此时面对的问题是对外要稳健地开发市场，推出新产品或新业务，对内要实现持续发展。在这一阶段，企业的销售保持在较高的水平，但是增长缓慢；企业开始拥有较为庞大的规模，并因此出现职位冗余、效率低下、体制僵化等问题。在成熟期的企业卓越绩效模式框架已经成熟，对于环境有较好的把控能力，企业主要面对的是来自内部的阻力；企业处于分工配合的最佳状态，理论上拥有最高的创新能力，但是企业重心转向管理创新，内部会出现安逸享受的心态，创新能力也会因此削弱。

（4）再生期企业。在该阶段，由于市场饱和、产品出现更新换代的竞争者等因素，继续在原有业务上投入生产研发见效甚微。因此，应以企业家导向为模式促进二次创业，并通过防御性导向获得稳定的现金流，收割现有业务剩余价值。此时的企业如果能成功实现二次创业，进入创业期，则继续拥有创新优势。

综上所述，本书提出以下假设：

H3a：初创期阶段，全面质量管理对企业技术创新有显著正向作用。

H3b：成长期阶段，全面质量管理对企业技术创新有显著正向作用。

H3c：成熟期阶段，全面质量管理对企业技术创新有显著正向作用。

H3d：再生期阶段，全面质量管理对企业技术创新有显著正向作用。

二、模型构建

本书根据全面质量管理中的卓越绩效模式框架和前文的理论分析与假设，构建了全面质量管理对企业技术创新的结构方程模型（SEM），如图

4-1 所示，并使用 Amos 17.0 软件工具进行模型求解与分析。

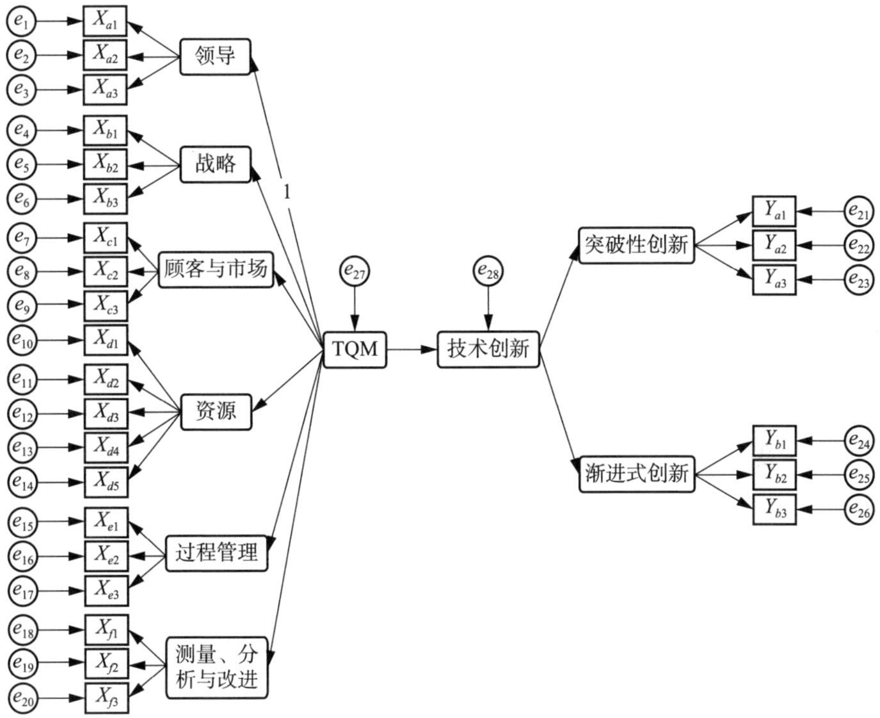

图 4-1　样本企业全面质量管理与技术创新关系的结构方程模型

本书的另一个研究目标是通过构建多群组结构模型，探究在企业的不同生命周期阶段几种全面质量管理实践对于企业技术创新是否存在影响。根据问卷调查结果，将样本企业所处生命周期阶段划分为四类，具体的分组方式与所获样本数量如表 4-1 所示，其中由于参与评价政府质量奖的企业多为绩效良好的企业，因此处于再生期阶段的样本企业数量较少。样本企业在不同生命周期阶段的一阶 SEM 见图 4-2。

表 4-1　多群组分析中的样本企业生命周期划分

时期	总体特征
创业期 ($N_1=56$)	产品正在研发或已有雏形，需要寻求资金和市场，内部正式规章制度较少，主要面临如何生存的问题

续表

时期	总体特征
成长期 （$N_2=103$）	产品销售率迅速增长，新产品或新业务不断推出，规模增长，内部有基本的规章制度和部门结构，主要面临市场扩大的问题
成熟期 （$N_3=114$）	产品和业务定型，效益稳定，增长速度较为缓慢，内部有非常正式的规章制度，主要面临市场饱和的问题
再生期 （$N_4=19$）	市场需求改变，竞争加剧，业务绩效下降，市场萎缩，正在寻求改变

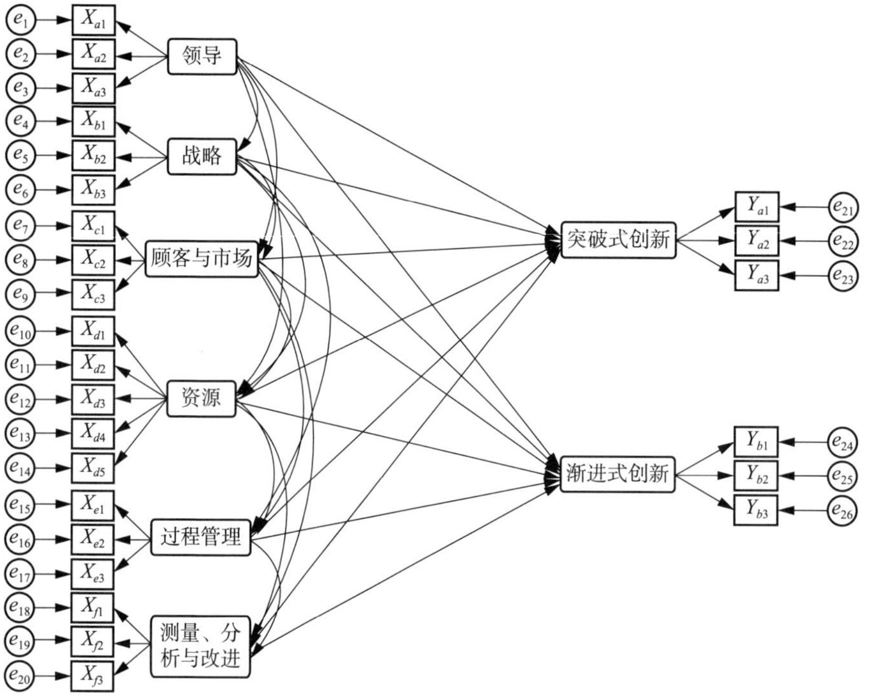

图 4-2　样本企业在不同生命周期阶段的一阶 SEM

第三节　问卷设计与变量测量

本书的调查问卷主要由三部分构成，采用五级 Likert 量表，分值越大表示题项描述与企业情况越符合，从“1”表示完全不符合到“5”表示完全符合均匀分布。问卷的主要三个部分：一是企业基本信息，由填报人职位、企业所在行业、企业所有权性质、企业规模、是否实施全面质量管理构成；二是全面质量管理部分，参考曾珍（2017）[66]的研究和我国的国家质量奖及各省份质量奖评价所用框架，根据国家标准《GB/T 19580 卓越绩效评价准则》，将全面质量管理从领导、战略、顾客与市场、资源、过程管理、测量分析与改进六个方面进行题项设计；三是企业技术创新分为突破式创新和渐进式创新。

本书以北京市企业为样本并作为问卷调查对象，被调查人员为企业高层管理人员，通过邮件和现场填写方式进行调查，这些企业都已导入卓越绩效模式且都有具有创新性，对卓越绩效模式有较好的理解和实践，能有效地完成问卷。累计发放调查问卷 370 份，经剔除不完整、不合理的问卷后，得到有效问卷 292 份（问卷有效率为 79%），有效样本企业涉及制造业、服务业、建筑业等多个行业，具有一定的代表性。

第四节　信度与效度检验

为了使实证检验更为准确，本书使用了 SPSS 24 软件对回收问卷进行了信度与效度分析。信度检验对回收问卷的部分数据采用克朗巴哈（Cronbach' α）系数法，8 个一阶潜变量的 α 值都在 0.800 以上，每个题项总量表的 CITC（修正后的项与总计相关值）在 0.500 以上，总体 α 系数等于 0.966，表明该问卷量表的信度较好（见表 4-2）。

表 4-2　样本企业调查问卷题项的信度分析结果

潜变量	题项编码	CITC	信度系数
领导（X_a）	X_{a1}	0.872	0.763
	X_{a2}	0.719	0.92
	X_{a3}	0.836	0.796

续表

潜变量	题项编码	CITC	信度系数
战略（X_b）	X_{b1}	0.860	0.916
	X_{b2}	0.884	0.896
	X_{b3}	0.865	0.911
顾客与市场（X_c）	X_{c1}	0.851	0.867
	X_{c2}	0.813	0.898
	X_{c3}	0.837	0.879
资源（X_d）	X_{d1}	0.774	0.915
	X_{d2}	0.778	0.914
	X_{d3}	0.835	0.903
	X_{d4}	0.83	0.904
	X_{d5}	0.809	0.908
过程管理（X_e）	X_{e1}	0.855	0.87
	X_{e2}	0.861	0.866
	X_{e3}	0.799	0.917
测量分析和改进（X_f）	X_{f1}	0.772	0.905
	X_{f2}	0.831	0.857
	X_{f3}	0.849	0.842
突破式创新（Y_a）	Y_{a1}	0.861	0.912
	Y_{a2}	0.847	0.922
	Y_{a3}	0.895	0.885
渐变式创新（Y_b）	Y_{b1}	0.863	0.911
	Y_{b2}	0.887	0.892
	Y_{b3}	0.855	0.918

接着通过探索性因子分析对量表的 25 个因子进行分析，KMO = 0.938 且显著，因此可以进行因子分析。通过提取载荷，共可提取 8 个载荷因子，累计方差贡献率为 84.758%，即因子有效反映了数据的绝大部分信息。通过最大方差法提取旋转载荷因子，得到因子分析结果如表 4-3 所示，所提取的 8 个旋转载荷因子对应了设置的 8 个潜变量，即问卷题项的划分具有较好的结构效度。

表 4-3　样本企业调查问卷题项的结构效度分析结果

潜变量	旋转载荷因子								累计方差贡献率
	1	2	3	4	5	6	7	8	
领导（X_a）	0.591	0.517	-0.065	-0.311	0.011	0.354	0.153	0.059	24.094%
	0.626	0.500	-0.024	-0.350	-0.072	0.249	0.205	-0.024	
	0.894	0.131	0.145	0.111	0.161				
战略（X_b）	0.229	0.923	0.297	-0.081	-0.077	0.012	-0.065	-0.027	36.654%
	0.224	0.881	0.426	-0.131	-0.124	-0.058	-0.194	-0.061	
	0.193	0.753	0.451	-0.066	-0.222	-0.165	-0.210	0.004	
顾客与市场（X_c）	0.170	0.415	0.755	0.040	0.367	-0.184	-0.073	0.174	48.943%
	0.181	0.469	0.644	0.094	0.219	0.012	0.040	-0.101	
	0.197	0.369	0.782	0.061	0.331	-0.172	-0.149	-0.065	
资源（X_d）	0.239	0.178	0.344	0.737	-0.043	-0.031	0.017	-0.105	59.360%
	0.288	0.111	-0.197	0.773	-0.087	-0.047	-0.196	0.036	
	0.195	-0.179	0.162	0.935	0.206	0.246	0.051	0.095	
	0.176	-0.076	0.269	0.982	-0.053	0.142	0.042	0.318	
	0.210	-0.149	0.126	0.797	0.124	0.126	0.194	-0.351	
过程管理（X_e）	0.254	0.019	-0.384	0.134	-0.839	0.035	-0.062	0.023	68.184%
	0.269	-0.026	-0.381	0.130	-0.783	0.029	-0.048	-0.045	
	0.232	-0.003	-0.446	0.102	-0.776	-0.004	0.036	-0.013	

续表

潜变量	旋转载荷因子								累计方差贡献率
	1	2	3	4	5	6	7	8	
测量分析和改进（X_f）	0.306	−0.213	0.019	−0.045	−0.184	−0.766	0.169	−0.182	76.669%
	0.321	−0.113	0.077	−0.067	−0.013	−0.683	0.270	0.094	
	0.301	−0.104	0.041	−0.112	−0.050	−0.878	0.314	0.144	
突破式创新（Y_a）	0.298	−0.336	0.026	−0.224	0.140	−0.069	0.862	0.093	81.889%
	0.316	−0.342	0.029	−0.170	0.032	0.118	0.801	−0.024	
	0.298	−0.424	−0.029	−0.166	0.053	0.056	0.740	−0.052	
渐变式创新（Y_b）	0.308	−0.335	−0.036	−0.234	0.059	0.112	−0.021	0.615	84.758%
	0.279	−0.394	−0.028	−0.170	0.133	0.075	−0.157	0.814	
	0.317	−0.344	0.032	−0.187	0.051	0.134	−0.086	0.722	

注：加粗数字表示各个因子与其主要对应的原始变量之间的载荷值。

由上述分析结果可知，调查问卷所设计的题项均通过了信度与效度检验，可以进一步构建结构方程模型来验证本书所提出的理论假设。

第五节　企业生命周期的不同阶段全面质量管理实践对技术创新影响的实证分析

一、模型构建检验

本书根据全面质量管理对企业技术创新的结构方程模型（SEM）并使用 Amos 17.0 软件工具进行模型求解与分析。

利用 Amos 17.0 软件的极大似然估计法对样本数据进行参数估计分析模型的拟合度检验。在初步构建的模型中，卡方值自由度比为 3.220，略大于理想边界值 3 但远小于宽松边界值 5，原因是卡方值（1565.030）偏大，因此对结构方程进行修正（见表 4-4）。修正后的卡方值大大减小，P 值也有所提高但仍小于 0.05，因此参考其他指标对模型的拟合程度进行评价；模型修正后的 RMSEA 值为 0.050，体现了良好的适配情况；修正后的 GFI、AGFI 值虽然仍未达到 0.90 的最优标准，但 0.80~0.90 的值也属于可接受范围；其他重要的参考指标如 NFI/RFI/IFI/TLI 等均达到了>0.90 的最佳适配标准；其他重要适配度检验指标包括 RMR、AIC 在修正后总体上也表现良好。

表 4-4　样本企业全面质量管理与技术创新关系的 SEM 拟合优度指标

指标	修正前	修正后	评价标准
χ^2	1565.030	933.163	越小越好
P	0	0.011	>0.05
χ^2/DF	3.220	1.960	1.00~3.00
RMR	0.091	0.048	<0.05

续表

指标	修正前	修正后	评价标准
GFI	0.781	0.873	>0.9
AGFI	0.747	0.850	>0.90
RMSEA	0.076	0.050	<0.05
简约拟合度			
PNFI	0.832	0.850	>0.90
PCFI	0.858	0.875	>0.90
增值拟合度			
NFI	0.904	0.943	>0.90
RFI	0.869	0.937	>0.90
IFI	0.932	0.971	>0.90
TLI	0.926	0.968	>0.90
CFI	0.932	0.971	>0.90
信息指数			
AIC	1715.030	1103.163	越小越好
CAIC	2086.523	1524.189	越小越好

根据输出的结构方程全模型路径分析结果，最终形成的结构方程路径系数及各因素权重如表 4-5 所示。结合路径系数符号、残差拟合 S. E. 情况及显著水平 P 值，本书通过了假设 H1，即卓越绩效模式框架下的全面质量管理活动，即领导、战略、顾客与市场、过程管理、资源、测量分析与改进均与企业技术创新活动（即突破式创新和渐进式创新）正相关。根据表 4-5 可得，整体而言，企业质量管理活动对于技术创新的重要程度按从最重要到最次要的排序依次是：资源>战略=过程管理>测量分析与改进>顾客与市场>领导。

表 4-5　全面质量管理对样本企业技术创新的影响分析结果

主效应	二级指标	非标准化路径系数	权重	S. E.	P
全面质量管理	领导	0.782	0.148	0.163	***
	战略	0.889	0.169	0.166	***
	顾客与市场	0.878	0.167	0.164	***
	资源	0.936	0.179	0.164	***
	过程管理	0.889	0.169	0.170	***
	测量、分析与改进	0.888	0.168	0.164	***
技术创新	突破式创新	0.748	0.509	0.160	***
	渐进式创新	0.721	0.491	0.168	***

注：***为 $P<0.001$，即被检验统计量在 0.001 水平上显著。

二、多群组分析验证生命周期调节作用

本书的另一个研究目标是通过构建多群组结构模型，探究在企业的不同生命周期阶段几种全面质量管理实践对于企业技术创新是否存在影响。根据问卷调查结果，将样本企业所处生命周期阶段划分为四类，具体的分组方式与所获样本数量如表 4-6 所示，其中由于参与评价政府质量奖的企业多为绩效良好的企业，因此处于再生期阶段的样本企业数量较少。

表 4-6　多群组分析中的样本企业生命周期划分

时期	总体特征
创业期（$N_1=56$）	产品正在研发或已有雏形，需要寻求资金和市场，内部正式规章制度较少，主要面临如何生存的问题
成长期（$N_2=103$）	产品销售率迅速增长，新产品或新业务不断推出，规模增长，内部有基本的规章制度和部门结构，主要面临市场扩大的问题
成熟期（$N_3=114$）	产品和业务定型，效益稳定，增长速度较为缓慢，内部有非常正式的规章制度，主要面临市场饱和的问题
再生期（$N_4=19$）	市场需求改变，竞争加剧，业务绩效下降，市场萎缩，正在寻求改变

按照表 4-8 的具体群组划分，构建基于生命周期阶段的多群组模型。从模型适配标准来看，多群组四个模型的 RMSEA 值介于 0.031~0.068，

均小于标准值 0.08；CFI 值介于 0.807～0.943，均高于 0.800 的标准值（可接受）；PNFI 值介于 0.612～0.819，均高于标准值 0.500。因此，样本企业的多群组结构方程模型与观察数据能够较好地契合；且由多群组分析显示，企业生命周期对于主效应有显著的调节作用。

为了进一步揭示在企业生命周期的不同阶段，全面质量管理的具体活动对于不同类型的企业技术创新有何种差异性影响，本书将样本企业按照企业所处生命周期分为四类，分别代入如图 4-3 所示的 SEM 中，最终得出差异化的影响结果，见表 4-7。

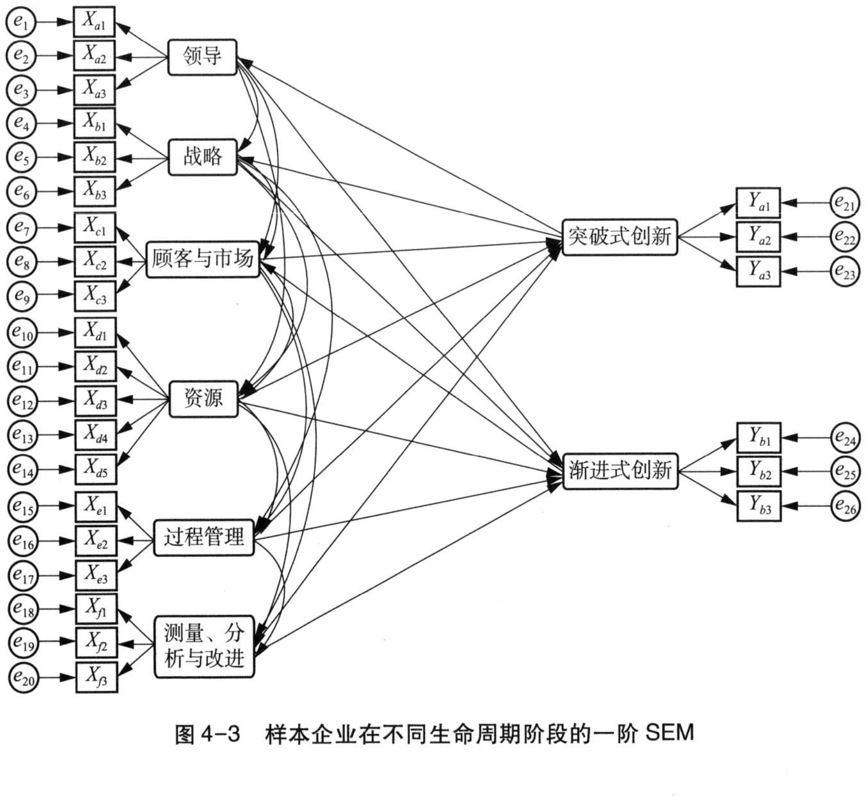

图 4-3 样本企业在不同生命周期阶段的一阶 SEM

表 4-7　生命周期在全面质量管理对样本企业技术创新的调节作用分析结果

自变量	初创期		N=56	成长期		N=103	成熟期		N=114	再生期		N=19
	分权重	总权重	P	分权重	总权重	P	分权重	总权重	P	分权重	总权重	P
领导	0. 124①	0. 231	* * *	0. 088	0. 152	* * *	0. 121	0. 163	* * *	0. 115	0. 184	* *
	0. 107②			0. 064			0. 042			0. 069		
战略	0. 075	0. 202	* * *	0. 109	0. 211	* * *	0. 081	0. 162	* * *	0. 093	0. 220	*
	0. 127			0. 102			0. 081			0. 127		
顾客与市场	0. 121	0. 172	* * *	0. 124	0. 193	* * *	0. 173	0. 157	* *	0. 430	0. 103	*
	0. 051			0. 069			-0. 016			-0. 327		
资源	0. 177	0. 254	* * *	0. 133	0. 188	* * *	0. 095	0. 154	* * *	0. 151	0. 127	* *
	0. 077			0. 055			0. 059			-0. 024		
过程管理	-0. 116	-0. 098	*	0. 057	0. 130	* *	0. 088	0. 185	* *	-0. 197	0. 159	
	0. 018			0. 073			0. 097			0. 356		
测量、分析与改进	-0. 057	0. 043	* *	0. 081	0. 126	* * *	0. 054	0. 179	* * *	0. 144	0. 207	*
	0. 100			0. 045			0. 125			0. 063		

注：①表示领导对突破式创新的影响系数，其余类推；②表示领导对渐进式创新的影响系数，其余类推；*、**、***分别表示被检验统计量在 0. 1、0. 01、0. 001 水平上显著。

对于假设 H3a，总体而言，所有全面质量管理因素对初创期企业的创新影响显著，除过程管理以外，其余因素对企业创新都有显著正向影响，其中影响最大的两个因素是资源和领导；过程管理对企业创新有负向影响，但显著性水平较低，可能原因是初创期企业对灵活性的要求较高，而定规的活动限制了企业的创新能力。对于假设 H3b，所有全面质量管理因素对成长期企业的创新影响显著，其中影响最大的两个因素是战略和顾客与市场，即与企业的快速发展相关的因素至为关键。对于假设 H3c，所有全面质量管理因素对成熟期企业的技术创新都有显著作用，其中影响最大的两个因素是过程管理、测量分析与改进，即程序化的制度更有利于企业的创新能力发展和知识积累。对于假设 H3d，所有全面质量管理因素对再生期企业技术的创新有显著作用，其中对企业创新影响较大的活动是战略、测量分析与改进，但整体而言，路径系数的显著性较差，这反映了再生期企业可以在一定程度上学习同行业其他企业的转型经验，但在此阶段企业内外部环境较为混乱，全面质量管理对企业创新性的影响有限。

第五章

全面质量管理与技术创新过程的协同耦合性研究

第一节　研究思路

从过程的角度切入，本书认为全面质量管理过程与技术创新过程均为PDCA的循环改进过程，并基于已有的理论和研究成果，深入剖析全面质量管理与技术创新的过程耦合机理，构建协同耦合关系概念模型；建立全面质量管理与技术创新的过程耦合评价指标体系及协调度评价模型；根据耦合评价指标体系设计调查问卷，运用SPSS对5个不同行业（电子行业、制药行业、汽车行业、食品行业、机械制造）的210家企业的问卷调查数据进行分析，验证全面质量管理与技术创新的过程耦合性，并为企业追求质量管理与创新的耦合协同效应提出建议。

第二节　全面质量管理与技术创新的过程耦合模型构建

一、全面质量管理与技术创新的过程耦合关系概念模型

（一）全面质量管理与技术创新的过程耦合关系定义

依据前文提到的系统耦合理论，本书将全面质量管理与技术创新的过程耦合定义为：企业在推行全面质量管理与技术创新的过程中，全面质量管理过程与技术创新过程之间彼此影响、相互促进、共同发展，促使两者内部各要素之间协同、互动，从而实现全面质量管理与技术创新的良性互动，建立核心竞争优势，为企业带来持续竞争力。与之定义相关的是全面质量管理与技术创新的过程耦合协调度，反映了全面质量管理过程与技术创新过程之间的耦合协调程度，能够揭示两个过程耦合协调发展的综合水平。全面质量管理与技术创新的过程耦合协调度等级越高，表明两个过程之间联系越紧密，

两个过程要素间相互贡献程度越高，企业的竞争力也相对较高；全面质量管理与技术创新的过程耦合协调度等级越低，表明两个过程之间联系越松散，两个过程要素间相互贡献程度越低，企业的竞争力也相对较低。

（二）全面质量管理与技术创新的过程耦合关系形成机理

全面质量管理过程与技术创新过程均是 PDCA 的循环改进过程，在这个过程中，全面质量管理与技术创新虽为两个不同的独立系统，却又相互影响、相互补充，从而产生耦合协同效应。具体表现在两个方面：第一，诸如 ISO 9001 质量管理体系、六西格玛设计、质量功能展开等质量管理的一系列体系、方法和工具可以帮助企业进行技术引进和发明创造，并且全面质量管理贯穿于企业技术创新全过程，完善的全面质量管理过程能够推动保证企业技术创新的激发、实现、扩散等过程的有效进行。第二，表现为技术创新过程对全面质量管理过程的反促进作用。创新是企业发展的原动力，技术创新活动的开展能为企业带来更多的市场机遇，而市场机遇向产品或服务转化则需要全面质量管理过程的保证。基于此构建企业全面质量管理与技术创新的过程耦合关系概念模型，如图 5-1 所示。

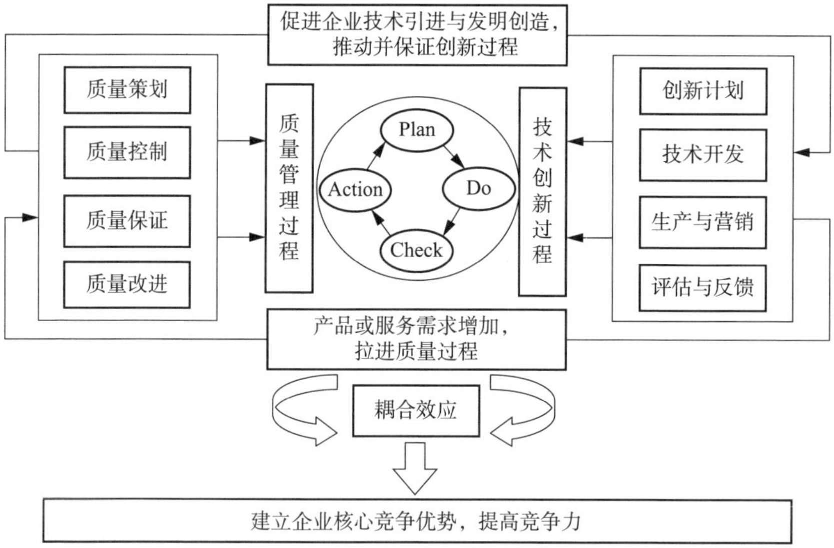

图 5-1　企业全面质量管理与技术创新的过程耦合协调关系

二、全面质量管理与技术创新的过程耦合协调度评价模型

（一）耦合协调度评价模型

本书将全面质量管理过程与技术创新过程看作企业管理系统 S 中的两个子系统 S_1、S_2，借用物流学耦合知识建立全面质量管理与技术创新的过程耦合协调度模型，计算两个系统间的耦合协调发展水平。全面质量管理与技术创新的过程耦合协调度模型具体包括以下几部分：

1. 耦合度

描绘的是全面质量管理过程子系统 S_1 与技术创新过程子系统 S_2 间彼此影响、相互作用的程度，借鉴刘湘云（2018）[180]对耦合度模型的研究成果，建立全面质量管理与技术创新的过程耦合度测量模型：

$$H_n=\left\{\frac{U_1\times U_2}{[(U_1+U_2)/2]^2}\right\}\frac{1}{2}$$

其中，H_n 为全面质量管理与技术创新的过程耦合度，U_1、U_2 分别为 S_1 和 S_2 的综合评价函数，其值的大小代表着两个子系统对企业管理总系统有序度的贡献程度。当 $U_1=U_2$ 且不等于 0 时，耦合度将会达到最大值。

2. 系统综合评价指数及耦合协调度

耦合协调度是在考虑全面质量管理子系统 S_1 与技术创新过程子系统 S_2 发展水平的基础上，测量两系统间的同步程度，描述了全面质量管理与技术创新的耦合协调发展水平。结合系统综合评价指数，建立全面质量管理与技术创新的过程耦合协调度测量模型：

$$D=(H_n\times T)^{\frac{1}{2}},\ T=aU_1+bU_2$$

其中，D 表示全面质量管理与技术创新的过程耦合协调度；U_1、U_2 分别为全面质量管理过程子系统 S_1 和技术创新过程子系统 S_2 的综合评价函数；T 为企业管理系统 S 的综合评价指数，a、b 为待定权数且 $a+b=1$。质量管理与创新作为两种不同的管理模式，均能为企业带来竞争优势，质量

管理能够推动创新，创新亦能拉动质量管理。本书通过对北京市政府质量奖评审专家及部分对质量管理与创新有深入研究的教授进行访谈，认为全面质量管理过程子系统 S_1 与技术创新过程子系统 S_2 对于企业管理综合系统 S 而言具有同等重要性，因此对 a、b 赋值均为 0.5。

为了能够准确判断全面质量管理与技术创新的过程耦合协调度等级，借鉴童心（2017）[181]和张平（2014）[182]耦合效应研究中对耦合协调度等级的划分，将全面质量管理与技术创新的过程耦合协调度分为 7 个等级，具体见表 5-1。

表 5-1　耦合协调度等级划分标准

耦合等级	严重失调	中度失调	失调	勉强耦合	中度耦合	良好耦合	优质耦合
耦合协调度（D）	<0.3	0.3~0.4	0.4~0.5	0.5~0.6	0.6~0.7	0.7~0.8	>0.8

（二）子系统综合评价函数模型

根据建立的耦合评价模型，计算全面质量管理与技术创新的过程耦合协调度需要先确定两个子系统对企业管理总系统有序度的贡献程度，一般可采用几何平均法或线性加权平均法。结合本书的实际情况，首先采用线性加权平均法计算出每个样本的综合发展水平，即每个样本的全面质量管理过程子系统 S_1 及技术创新过程子系统 S_2 对企业管理总系统 S 有序度的贡献程度，再取样本的几何平均值为全面质量管理过程子系统 S_1 及创新过程子系统 S_2 对企业管理总系统 S 有序度的贡献程度，具体公式如下：

$$U_{mi} = \sum_{j=1}^{k} \lambda_{ij} \times U_{ij}，\ U_i = \frac{1}{m}\sum_{m=1}^{m} U_{mi}$$

其中，i 取值为 1、2，U_i 表示样本整体的全面质量管理过程系统的综合发展水平 U_1 及技术创新过程系统的综合发展水平 U_2；U_{mi}分别表示第 m 个样本的全面质量管理过程子系统的综合发展水平 U_{m1}及技术创新过程系统的综合发展水平 U_{m2}，本书一共对 210 家企业进行调查，并获取相关数据，故 m 取 210；k 表示两个系统中各设立的指标数量，本书中两个子系统均设立了 12 个指标，故取值 12；U_{ij}表示第 i 子系统第 j 个指标，此处为该指标标准化处理后的值；λ_{ij}表示第 i 个子系统第 j 个指标的权重。

（三）评价指标权重赋值方法

指标体系的科学构建是测度全面质量管理与技术创新的过程耦合协调度的关键所在，因此指标权重赋值将直接关系到研究结果的准确度和可信度。结合前人的研究，一般有两类指标赋权方法，即主观赋权法和客观赋权法。其中主观赋权法是根据决策者主观信息进行赋权的方法，包括层次分析法、专家咨询法、二项系数法等。客观赋权法是指决策者无任何信息，各个目标根据一定的规则进行自动赋权的方法，如因子分析法、熵值法、主成分分析法等。为了保证研究结果的准确度和客观性，本书采用熵值法对指标进行权重赋值。

1. 熵值法赋权原理

熵值法赋权是基于对各项指标收集到的观测值所提供的信息大小来判断指标离散程度的方法，含有统计属性，是一种典型的客观赋权方法。假设有 m 个待评价方案，有 n 项待评价指标，形成初始指标数据矩阵 $X=(X_{ij})m\times n$，其中 X_{ij}表示第 i 个待评价系统的第 j 个待评价指标的数值。一般而言，对于不同的待评价指标 X_j，其数值 X_{ij}的大小差距越大，则表明该指标在对研究目标进行综合评价时所起的作用就越大。若对于不同的待评价指标 X_j，其数值 X_{ij}的大小相等，则表明该指标在对研究目标进行综合评价时不起作用。

在信息论中，信息熵是对信息不确定性的一种度量。信息熵值越大，系统的离散程度越小，指标的不确定性就越大，能够从指标中提取的信息量就越小，则指标对综合评价的影响也就越小，此时赋予指标较小的权重值；系统信息熵值越小，系统的离散程度越大，指标的不确定性就越小，能够从指标中提取的信息量就越大，则指标对综合评价的影响也就越大，此时赋予指标较大的权重值。

2. 熵值法指标赋权步骤

本书通过借鉴王霞（2014）[183]及李政通（2019）[184]对于熵值法赋权的使用方式，确定熵值法赋权的步骤：

计算指标的权重，首先需对指标数据进行标准化处理。指标的标准化处理包括指标的无量纲化及非负化处理两步：

第一，指标的无量纲化处理。根据设定指标的含义，采用极差标准化计算方式进行处理，消除原始数据的单位差异，具体公式如下：

$$X'_{ij}=\frac{X_{ij}-\min X_{ij}}{\max X_{ij}-\min X_{ij}} \qquad \text{（正向指标）}$$

$$X'_{ij}=\frac{\max X_{ij}-X_{ij}}{\max X_{ij}-\min X_{ij}} \qquad \text{（反向指标）}$$

其中，X_{ij}表示第 i 个待评价系统的第 j 个待评价指标的具体值；$\max X_{ij}$、$\min X_{ij}$、$\max X_{ij}$、$\min X_{ij}$分别表示样本数据中 X_{ij}的最大值和最小值；X'_{ij}表示无量纲化处理后的指标值。

第二，指标非负化处理。为了排除无量纲处理后出现指标值为 0 的现象，保证指标熵值可计算，需要对指标进行非负化处理。公式为：

$$Y'_{ij}=(1-\partial)+\partial X'_{ij},\ \partial\in(0,\ 1)$$

在满足要求的前提下，取值 $\alpha=0.9$。

其次，计算第 i 个待评价系统的第 j 个待评价指标的比重值，公式如下：

$$Z_{ij}=\frac{Y'_{ij}}{\sum_{i=1}^{2}Y'_{ij}}$$

实质上是对标准化处理后新得到的指标数据矩阵进行列向量的归一化处理，进而得到新的指标数据比重矩阵 Z_{ij}，体现出 i 系统的 j 指标的贡献度。计算第 j 项待评价指标的信息熵值 F_j：

$$F_j=-\beta\sum_{i=1}^{2}Z_{ij}\times \ln Z_{ij}$$

其中，$\beta=1/\ln(m)>0$，本书分为全面质量管理过程与技术创新过程两个系统，一共对 210 家企业进行调查，并获取相关数据，故 m 取值为 210，$\beta=1/\ln 210$，由公式可以看出当 i 系统的各个指标的贡献度趋于一致时，F_j 将会趋于最大值 1；当且仅当所有指标的贡献度相等时，F_j 将会达到最小值为 0。

计算 j 项待评价指标的差异性系数 E_j：

$$E_j=1-F_j$$

E_j 越大，表明该项指标在评价中所起的作用越大。此过程是为了保证不同样本间的差异性，若不同样本间的指标值完全一致，即样本间毫无差异，设定的指标也就失去了意义。确定各项待评价指标的权重值：

$$\lambda_j=\frac{E_j}{\sum_{j=1}^{k}E_j}$$

第三节　变量设计

一、评级指标选取标准

根据本书构建的全面质量管理与技术创新的过程耦合协调度评价模型，评价指标选取的合理与否将直接关系到研究结果的客观性和准确性。全面质量管理过程与技术创新过程均是 PDCA 的循环过程，若想系统地、综合地描述二者间的耦合协调度，必须对全面质量管理与技术创新的过程耦合评价指标体系进行多层次、多角度的设计。因此，为了保证构建的耦合评价指标体系的科学性和有效性，应遵循以下几项原则：

第一，科学性原则。评价指标的选取应有科学依据，首先应综合利用相关书籍、咨询专家等方式对全面质量管理过程和技术创新过程进行充分了解，在此基础上科学地选取评价指标，通过查阅相关研究文献，确定选取指标的合理性。如此选择的指标才能够客观、合理地分析出全面质量管理与技术创新过程的耦合协调发展水平。

第二，层次性原则。在构建指标体系时，应根据研究需要，对研究对象进行多角度、多层次的分解，然后根据联系紧密程度将指标归类，从而构建完整的评价指标体系。本书所研究的全面质量管理与技术创新过程的耦合协同包含两个系统，均是 PDCA 的循环过程，因此在构建耦合评价指标体系时，在综合考虑整个系统的同时，从过程角度切入，涵盖计划（P）、执行（D）、检查（C）、处理（A）全方面，从而保证构建的耦合评价指标体系能够系统全面地反映全面质量管理与技术创新耦合系统的各个方面。

第三，数据来源权威性原则。模型的运行需要大量的数据作为支撑，真实可靠的数据是进行耦合协调度分析的基础前提和重要保障。在科学合理地选取评价指标的同时，还应保证选取的指标数据来源的权威性，才能正确评估质量管理与技术创新过程的耦合协调度。

二、耦合评价指标体系

根据系统耦合理论，将全面质量管理过程与技术创新过程视为耦合系统的两个子系统 S_1、S_2，从过程改进的角度讲，全面质量管理过程与技术创新过程均是 PDCA 循环改进的过程，因此，本研究对全面质量管理过程与技术创新过程评价指标的选取，是在遵循 PDCA 原则，确定各个阶段及具体活动的基础上进行的。

（一）全面质量管理过程评价指标

参考朱兰质量管理手册总结出全面质量管理过程的四个阶段：质量策划、质量控制、质量保证、质量改进。通过梳理各个阶段企业从事的具体活动，并借鉴 James、William、焦叔斌[185]、段桂江[186]及王秋明[187]对全面质量管理过程的研究，对质量策划、质量控制、质量保证、质量改进分别设立三个评价指标。

根据企业在质量策划阶段的具体活动，质量策划起始于对顾客和市场需求的识别，确认顾客和市场需求，并运用工具和手段将顾客和市场需求转化为规范，从而制定能够满足顾客和市场需求的产品/服务/过程特征，并在此基础上完善能够产出产品或服务的过程。然后对产品或服务进行立项，并设定质量目标，一般而言，该目标能以最低的成本满足顾客和市场需求。故选取质量转化、过程控制方式开发、项目和设计目标确定三项指标进行评价。

质量控制阶段，首先明确控制对象，确定企业绩效标准，在此基础上建立企业的测量系统来客观地测量数据，评价得出企业实际绩效。对比企业确定的绩效标准与实际绩效，分析产生差异的原因并及时采取措施改进。选取控制计划设计、产品/服务/过程符合性确定、纠正措施实施三项指标进行评价。

质量保证阶段，在质量控制阶段的基础上，构建企业的质量管理体系，从宏观上保证产品或服务的过程控制及企业的有效运行。选取质量管理体系建立、质量管理体系运行、质量管理体系评价与整改三项指标进行评价。

在质量改进阶段，基于识别出的改进项目，确定其改进的必要性，诊断改进项目的问题根源，并提出相应的纠正措施，取得企业对于改进项目的支持，在企业各层级进行改进活动，并针对改进成果进行分享交流。选取质量改进计划、改进活动展开、改进成果评价与推广三个指标进行评价。

（二）技术创新过程评价指标

根据阿曼德对企业技术创新管理的研究确定创新计划、技术开发、生产与营销、评估与反馈四个技术创新过程阶段。借鉴吴贵生[188]及吕一博[190]对企业创新过程的研究，对四个阶段分别设定三个具体评价指标。

创新计划的制订源于企业严密监控内外部环境变化所带来的机遇，并对这些机遇进行主动的识别、评价和优先级排序，结合市场环境和企业资源状况进行创新项目立项，设计创新计划。选取创新源监控、创新机遇识别与筛选、创新计划设计三项指标对创新计划阶段进行评价。

在技术开发阶段，企业根据创新项目要求，综合市场环境和企业自身条件进行技术定位，确定企业选择引进外部技术或是进行自主研发，从而为创新项目提供技术支持。选取技术选择、技术获取、新产品开发三项指标对技术开发阶段进行评价。

生产与营销阶段，基于引进或自主研发的创新技术进行新产品的规模化生产，并根据对市场监控所获取的信息，通过企业的营销渠道，适时将新产品导入市场。选取生产管理、供应链配置、市场营销三项指标对生产营销阶段进行控制。

在评估与反馈阶段，企业根据其信息系统和售后服务收集推行产品的相关信息，分析产品存在的问题，提出改进措施。选取市场和竞争监控、信息反馈分析、产品改进与淘汰三项指标评价评估与反馈阶段。

基于上述分析，建立全面质量管理与技术创新过程的耦合评价指标体系，并指出各项指标评价的具体内容，如表 5-2 所示。

表 5-2　全面质量管理与技术创新的过程耦合评价指标体系

子系统层	阶段层	指标层	评价内容
全面质量管理过程系统	质量策划	质量转化	企业对产品/服务进行项目式设计并设定明确的目标
		过程控制方式开发	识别顾客与市场需求并转化为产品/服务/过程特征
		项目和设计目标确定	根据产品/服务/过程特征明确控制方式和内容并建立审核机制
	质量控制	控制计划设计	构建质量控制系统，设计过程反馈回路及流程图，使各环节受控
		产品/服务/过程符合性确定	运用帕累托原理等工具方法对产品/服务/过程特征进行评价和控制
		纠正措施实施	变异信息的及时处理，实施与质量目标始终保持一致
	质量保证	质量管理体系建立	在 ISO 9000 族标准基础上，建立质量管理体系，编制文件，形成标准
		质量管理体系运行	对各部门进行质量管理体系的教育和培训，保证其在企业的有效运行
		质量管理体系评价与整改	通过内外部审核评价质量管理体系适宜性、有效性，并及时修订改正

续表

子系统层	阶段层	指标层	评价内容
全面质量管理过程系统	质量改进	质量改进计划	明确各层次过程的质量改进计划和目标，建立各级质量改进组织
		改进活动展开	开展质量月等改进活动，定期评审并运用六西格玛等工具保证持续改进
		改进成果评价与推广	实施奖励措施，定期评价改进成果并进行成果分享、转化和推广
技术创新过程系统	创新计划	创新源监控	对企业内外部环境进行严密监控，发现创新机会
		创新机遇识别与筛选	识别创新机遇，结合企业资源、能力等情况进行评估与筛选
		创新计划设计	明确企业整体及各部门创新计划并建立创新管理制度
	技术开发	技术选择	根据创新计划识别可用的技术知识并评估筛选所需的技术知识
		技术获取	引进外部技术获取所需技术或建立研发体系，自主研发所需技术
		新产品开发	根据创新计划及获取的技术，开发新产品及对老产品的改进创新
技术创新过程系统	生产与营销	生产管理	制订生产计划，配备足够的资源保证生产并进行新产品的测试和认证
		供应链配置	建立灵活、高效的供应链管理体系并运用其整合上下游
		市场营销	制订营销计划，创建营销队伍、开拓营销渠道，保证新产品销售
	评估与反馈	市场和竞争监控	通过信息系统等监测市场和竞争，建立新产品绩效评价体系
		信息反馈分析	建立新产品反馈信息处理的管理制度，找出存在问题的关键原因
		产品改进与淘汰	根据产品质量及属性满足需求与否，对产品进行改进或分阶段逐步淘汰

第四节　问卷设计

本书从过程切入，研究全面质量管理与技术创新过程的耦合关系，在梳理全面质量管理过程与创新过程具体活动的基础上，设定过程性评价指标，多为定性指标，由于耦合协调度反映的是全面质量管理过程与技术创新过程的耦合发展程度，因此在指标的设定上，并非一定要设定成为定量指标，能够反映企业活动中全面质量管理与技术创新的程度即可满足模型的需求。因此，本书在设定的指标体系基础上，通过问卷调查，设计 5 级里克特量表来获取指标数据，1~5 分别代表：完全不符合、比较不符合、不确定、比较符合、完全符合。考虑到并非所有企业均同时实施质量管理与创新两种不同的管理模式，为了保证全面质量管理过程与技术创新过程回收数据的真实性和有效性，对北京市企业发放问卷，这些企业均已导入卓越绩效模式，实施全面质量管理和创新管理。一共发放问卷 379 份，回收问卷 249 份，剔除掉数据缺失、问卷作答有一致趋向的无效问卷后，回收有效问卷 210 份，有效问卷回收率达到 55.41%。这 210 家企业分属于五类不同行业，其中食品行业 62 家、机械制造行业 41 家、制药行业 33 家、电子行业 50 家、汽车行业 24 家。具体见表 5-3。

表 5-3　质量管理过程问卷

阶段划分	编号	具体问题项	完全不符合 1	比较不符合 2	不确定 3	比较符合 4	完全符合 5
质量策划	Q1.1	企业对于产品/服务的设计都是具体的，按照项目的方式进行设计，而非一般性的设计					
	Q1.2	企业制定了项目实施的清晰、明确的质量目标					
	Q2.1	企业能够快速地识别顾客及市场需求并进行分析排序					
	Q2.2	企业能够有效运用特定的手段（如 QFD）将顾客需求有效转化为产品/服务/过程特征					
	Q3.1	企业能根据转化的产品/服务/过程特征明确所需的控制方式和内容					
	Q3.2	企业会建立审核机制，对过程能力和可控性最初表现进行确认，从而保证能够进入运营阶段					

续表

阶段划分	编号	具体问题项	完全不符合 1	比较不符合 2	不确定 3	比较符合 4	完全符合 5
质量控制	Q4.1	企业会先行设计过程反馈回路，构建质量控制系统					
	Q4.2	企业会明确运营过程，构建运营过程的流程图，确保对流程中各个环节受控对象的控制					
	Q5.1	企业会对产品/服务/过程特征进行评价，确保过程能符合目标的要求					
	Q5.2	企业会运用频数分布表、帕累托原理、休哈特控制图等工具方法进行过程控制					
	Q6.1	企业会及时对变异信息进行有效深入分析，找出关键原因					
	Q6.2	根据原因分析，企业能够及时采用合理的手段调整过程使之与质量目标保持一致					
质量保证	Q7.1	企业会在贯彻 ISO 9000 族标准的基础上，通过设立质量方针和目标、识别与确定关键过程等建立质量管理体系					
	Q7.2	企业在质量管理体系总体设计的基础上，编制质量管理体系文件，形成企业标准					
	Q8.1	企业会在企业各部门开展质量管理体系的教育与培训					
	Q8.2	企业会通过监督与激励措施，使质量管理体系文件内容在各部门及全公司有效运行					
	Q9.1	企业会通过自我评价、质量活动结果符合计划安排与否及质量体系活动符合计划安排与否进行内部审核评价管理体系，并根据质量方针和目标，通过外部评审，评价质量管理体系的适宜性、充分性、有效性和效率					
	Q9.2	企业根据质量管理体系内外部评审结果，有计划地实施整改活动，并纳入绩效考核					

续表

阶段划分	编号	具体问题项	完全不符合 1	比较不符合 2	不确定 3	比较符合 4	完全符合 5
质量改进	Q10. 1	企业制定了各层次和所有部门、过程的质量改进计划和目标					
	Q10. 2	企业建立了各级质量改进组织，明确了管理职责					
	Q11. 1	企业各级改进组织根据计划实施开展 QCC 项目、黑带项目、绿带项目、质量月等改进活动					
	Q11. 2	企业各级改进组织对改进活动进行定期评审，扫除改进障碍，保证持续改进					
	Q11. 3	企业会运用包括六西格玛工具和因果图、排列图等方法确保改进的成功进行					
	Q12. 1	企业定期对改进成果进行评价，并实施奖励措施					
	Q12. 2	企业积极对创新成果在全公司及外部进行有效分享、转化和推广					

表 5-4　技术创新过程问卷

阶段划分	编号	具体问题项	完全不符合 1	比较不符合 2	不确定 3	比较符合 4	完全符合 5
创新计划	I13. 1	企业会对宏观环境、竞争环境的变化保有持续地监控，持续寻找创新机会					
	I13. 2	企业会对产品/服务的特性与顾客需求之间的差异保有持续地监控，发现创新机会					
	I13. 3	企业会对其内部流程、工艺、设备等进行严密监控，并能够有效识别存在的不足及需要改进创新的环节					
	I14. 1	通过对创新源的监控，企业能够快速有效地识别可能存在的创新机遇					
	I14. 2	企业能结合企业的资源和能力及未来的生产和销售计划对创新机遇进行评估和筛选					

续表

阶段划分	编号	具体问题项	完全不符合 1	比较不符合 2	不确定 3	比较符合 4	完全符合 5
创新计划	I15. 1	企业明确制订了整体的创新计划，及各部门、过程的创新计划和目标					
	I15. 2	企业建立了创新管理制度，对创新活动进行有效激励和管理					
技术开发	I16. 1	企业通过创新计划产生的新构思有效识别企业能够利用的技术知识					
	I16. 2	企业会根据内外部状况评估对所需的技术知识进行筛选					
	I17. 1	企业会积极通过外部技术引进获取所需技术					
	I17. 2	企业建立了独创性的技术研发体系，保持技术领先地位					
	I18. 1	企业会根据创新计划产生的新构思及匹配到创新技术，进行新的产品原型开发（包括产品架构定义、零部件配置及参数设计、供应商处组件及服务采购等）					
	I18. 2	企业积极对老产品的设计结构、工艺、材质、使用等方面进行适当改进					
生产与营销	I19. 1	企业会配备部署充足的人财物等重要资源保证新产品的生产					
	I19. 2	企业会制订合理的生产计划并严格控制，保证新产品质量、时间等目标实现					
	I19. 3	企业会对新产品进行测试和认证（如环境测试，健康、安全、质量认证等）					
	I20. 1	企业建立了高效、灵活的供应链管理体系，保持对市场的有效应变					
	I20. 2	企业运用供应链管理信息系统，从而有效整合上下游					
	I21. 1	企业制定了合理的营销策略，保证新产品顺利导入市场					
	I21. 2	企业创建了优秀的营销队伍和完善的营销渠道保证新产品的销售					

续表

阶段划分	编号	具体问题项	完全不符合 1	比较不符合 2	不确定 3	比较符合 4	完全符合 5
评估与反馈	I22. 1	新产品进入市场之后，企业会通过信息系统、市场调查、顾客访问等多种方式对市场和竞争保持监测					
	I22. 2	企业建立了反映新产品绩效的指标体系和测量方法，并持续跟踪					
	I23. 1	企业建立了新产品反馈信息处理的管理制度，并有效实施					
	I23. 2	企业能够运用多种方法有效分析新产品问题并发现关键原因					
	I24. 1	若质量存在问题但属性仍能满足需求，企业会对产品进行持续性改进					
	I24. 2	若质量和属性均不能满足需求，企业会分阶段逐步淘汰产品					

第五节　样本分析

一、样本的效度分析

效度是指问卷测验的准确性，即测验能够反映所要测量特性的程度。效度分析包含敏感性分析和结构效度分析两部分。

（一）敏感性分析

通过敏感性分析来研究问卷各题目设计的合理性，分析是否需要对设计的题目进行调整。一般将“删除项后的克隆巴赫 Alpha”值作为调整题目与否的重要依据，“删除项后的克隆巴赫 Alpha”值越大，其所对应的题目越需要进行调整；若各个题目“删除项后的克隆巴赫 Alpha”值均在某一个值的附近波动，且波动幅度较小，则认为问卷设计题目合理，无须调整。运用 SPSS 25.0 对问卷进行敏感性分析，结果见表 5-5。

表 5-5　敏感性分析结果

题项总计			
问题项	删除项后的克隆巴赫 Alpha 值	问题项	删除项后的克隆巴赫 Alpha 值
Q1. 1	0. 858	I13. 1	0. 856
Q1. 2	0. 858	I13. 2	0. 856
Q2. 1	0. 857	I13. 3	0. 856
Q2. 2	0. 859	I14. 1	0. 860
Q3. 1	0. 857	I14. 2	0. 860
Q3. 2	0. 857	I15. 1	0. 859
Q4. 1	0. 856	I15. 2	0. 859
Q4. 2	0. 855	I16. 1	0. 859
Q5. 1	0. 859	I16. 2	0. 860
Q5. 2	0. 860	I17. 1	0. 861
Q6. 1	0. 856	I17. 2	0. 861
Q6. 2	0. 857	I18. 1	0. 860
Q7. 1	0. 862	I18. 2	0. 859
Q7. 2	0. 861	I19. 1	0. 859
Q8. 1	0. 858	I19. 2	0. 858
Q8. 2	0. 860	I19. 3	0. 858
Q9. 1	0. 861	I20. 1	0. 860
Q9. 2	0. 861	I20. 2	0. 858
Q10. 1	0. 860	I21. 1	0. 863
Q10. 2	0. 860	I21. 2	0. 862
Q11. 1	0. 857	I22. 1	0. 861
Q11. 2	0. 856	I22. 2	0. 861
Q11. 3	0. 857	I23. 1	0. 859
Q12. 1	0. 861	I23. 2	0. 861
Q12. 2	0. 861	I24. 1	0. 862
		I24. 2	0. 861

从输出的结果可以看出，问卷各个题目“删除项后的克隆巴赫 Alpha”

值均在0.86附近变化，最大值为0.863，最小值为0.855，波动幅度很小。说明问卷题目设计合理，可以保留。

（二）结构效度分析

采用探索性因子分析检验问卷结构效度，一般认为，KMO值大于0.6且Bartlett's球形检验达到显著，可以进行因子分析。若因子载荷高于0.45且累计总方差解释超过60%，则认为问卷结构效度良好。同样根据研究需要，本书分别对问卷整体、食品行业、机械制造行业、制药行业、电子行业、汽车行业的全面质量管理与技术创新的耦合过程评价指标数据进行效度分析。

1. 样本整体效度分析

样本整体的KMO值和Bartlett's球形检验结果如表5-6所示：

表5-6 KMO和Bartlett's检验

KMO值	0.660	
Bartlett's检验	近似卡方	3767.263
	自由度	1275.000
	显著性	0.000

可以看出，KMO=0.660且Bartlett's球形度检验的Sig.=0.000，表明Bartlett's球形度检验非常显著，可以进行因子分析。通过SPSS 25.0对问卷整体做因子分析，结果如表5-7所示：

表5-7 因子分析结果

问题项	初始	提取	问题项	初始	提取
Q1.1	1.000	0.781	I13.1	1.000	0.754
Q1.2	1.000	0.737	I13.2	1.000	0.738
Q2.1	1.000	0.721	I13.3	1.000	0.689
Q2.2	1.000	0.675	I14.1	1.000	0.652
Q3.1	1.000	0.595	I14.2	1.000	0.635
Q3.2	1.000	0.711	I15.1	1.000	0.677

续表

问题项	初始	提取	问题项	初始	提取
Q4. 1	1. 000	0. 653	I15. 2	1. 000	0. 622
Q4. 2	1. 000	0. 661	I16. 1	1. 000	0. 777
Q5. 1	1. 000	0. 710	I16. 2	1. 000	0. 802
Q5. 2	1. 000	0. 800	I17. 1	1. 000	0. 806
Q6. 1	1. 000	0. 667	I17. 2	1. 000	0. 717
Q6. 2	1. 000	0. 668	I18. 1	1. 000	0. 663
Q7. 1	1. 000	0. 780	I18. 2	1. 000	0. 714
Q7. 2	1. 000	0. 783	I19. 1	1. 000	0. 737
Q8. 1	1. 000	0. 688	I19. 2	1. 000	0. 702
Q8. 2	1. 000	0. 741	I19. 3	1. 000	0. 704
Q9. 1	1. 000	0. 708	I20. 1	1. 000	0. 793
Q9. 2	1. 000	0. 676	I20. 2	1. 000	0. 751
Q10. 1	1. 000	0. 686	I21. 1	1. 000	0. 751
Q10. 2	1. 000	0. 666	I21. 2	1. 000	0. 731
Q11. 1	1. 000	0. 734	I22. 1	1. 000	0. 823
Q11. 2	1. 000	0. 740	I22. 2	1. 000	0. 782
Q11. 3	1. 000	0. 798	I23. 1	1. 000	0. 752
Q12. 1	1. 000	0. 713	I23. 2	1. 000	0. 714
Q12. 2	1. 000	0. 696	I24. 1	1. 000	0. 717
			I24. 2	1. 000	0. 741

因子分析的结果表明各问题项的因子载荷在 0. 595 ~ 0. 823，均大于 0. 45，且都在初始设定维度内。此外，累计总方差解释达到 72. 029%，表明问卷具有良好的结构效度。

2. 分行业结构效度分析

根据研究需要，本书分行业对问卷收集的数据进行结构效度分析。问卷共设计问题 51 项，根据问卷回收的实际结果看，食品行业有效回收 62

份、机械制造行业 41 份、制药行业 33 份、电子行业 50 份、汽车行业 24 份。仅食品行业的有效回收问卷份数大于问卷设计的题目项数，另外四个行业的有效回收问卷份数均小于问卷设计的题目项数，因此根据 KMO 值和 Bartlett's 球形检验效度不可行。各行业的结构效度分析结果如表 5-8 所示：

表 5-8 各行业结构效度分析结果

问题项	初始值	食品行业提取值	机械制造行业提取值	制药行业提取值	电子行业提取值	汽车行业提取值
Q1. 1	1. 000	0. 862	0. 795	0. 849	0. 790	0. 910
Q1. 2	1. 000	0. 845	0. 747	0. 765	0. 748	0. 940
Q2. 1	1. 000	0. 865	0. 761	0. 848	0. 902	0. 970
Q2. 2	1. 000	0. 903	0. 821	0. 935	0. 868	0. 931
Q3. 1	1. 000	0. 880	0. 733	0. 843	0. 836	0. 892
Q3. 2	1. 000	0. 840	0. 863	0. 908	0. 788	0. 884
Q4. 1	1. 000	0. 786	0. 846	0. 879	0. 791	0. 817
Q4. 2	1. 000	0. 811	0. 902	0. 831	0. 847	0. 817
Q5. 1	1. 000	0. 755	0. 887	0. 799	0. 857	0. 927
Q5. 2	1. 000	0. 847	0. 814	0. 851	0. 873	0. 905
Q6. 1	1. 000	0. 676	0. 892	0. 937	0. 825	0. 888
Q6. 2	1. 000	0. 884	0. 797	0. 871	0. 847	0. 833
Q7. 1	1. 000	0. 801	0. 801	0. 813	0. 866	0. 935
Q7. 2	1. 000	0. 719	0. 753	0. 867	0. 897	0. 876
Q8. 1	1. 000	0. 853	0. 762	0. 901	0. 853	0. 905
Q8. 2	1. 000	0. 840	0. 812	0. 876	0. 839	0. 947
Q9. 1	1. 000	0. 746	0. 913	0. 895	0. 845	0. 925
Q9. 2	1. 000	0. 847	0. 945	0. 897	0. 777	0. 902
Q10. 1	1. 000	0. 781	0. 776	0. 926	0. 918	0. 909
Q10. 2	1. 000	0. 751	0. 802	0. 875	0. 812	0. 784
Q11. 1	1. 000	0. 861	0. 884	0. 799	0. 795	0. 835

续表

问题项	初始值	食品行业提取值	机械制造行业提取值	制药行业提取值	电子行业提取值	汽车行业提取值
Q11. 2	1. 000	0. 819	0. 854	0. 908	0. 821	0. 928
Q11. 3	1. 000	0. 775	0. 887	0. 928	0. 869	0. 945
Q12. 1	1. 000	0. 761	0. 848	0. 867	0. 835	0. 906
Q12. 2	1. 000	0. 782	0. 863	0. 874	0. 822	0. 959
I13. 1	1. 000	0. 822	0. 842	0. 909	0. 766	0. 854
I13. 2	1. 000	0. 833	0. 802	0. 850	0. 808	0. 878
I13. 3	1. 000	0. 879	0. 860	0. 871	0. 787	0. 914
I14. 1	1. 000	0. 797	0. 824	0. 930	0. 846	0. 897
I14. 2	1. 000	0. 691	0. 836	0. 934	0. 821	0. 902
I15. 1	1. 000	0. 793	0. 882	0. 838	0. 786	0. 964
I15. 2	1. 000	0. 871	0. 835	0. 870	0. 806	0. 843
I16. 1	1. 000	0. 818	0. 867	0. 904	0. 853	0. 903
I16. 2	1. 000	0. 787	0. 820	0. 908	0. 825	0. 970
I17. 1	1. 000	0. 752	0. 844	0. 936	0. 897	0. 884
I17. 2	1. 000	0. 816	0. 884	0. 766	0. 794	0. 806
I18. 1	1. 000	0. 767	0. 869	0. 910	0. 840	0. 954
I18. 2	1. 000	0. 805	0. 842	0. 926	0. 753	0. 974
I19. 1	1. 000	0. 866	0. 867	0. 902	0. 802	0. 846
I19. 2	1. 000	0. 767	0. 756	0. 914	0. 804	0. 901
I19. 3	1. 000	0. 808	0. 838	0. 878	0. 818	0. 832
I20. 1	1. 000	0. 831	0. 790	0. 899	0. 888	0. 893
I20. 2	1. 000	0. 744	0. 879	0. 872	0. 866	0. 875
I21. 1	1. 000	0. 818	0. 865	0. 859	0. 817	0. 859
I21. 2	1. 000	0. 896	0. 851	0. 779	0. 829	0. 914
I22. 1	1. 000	0. 854	0. 857	0. 957	0. 890	0. 916
I22. 2	1. 000	0. 883	0. 887	0. 810	0. 848	0. 889
I23. 1	1. 000	0. 820	0. 752	0. 912	0. 769	0. 962

续表

问题项	初始值	食品行业提取值	机械制造行业提取值	制药行业提取值	电子行业提取值	汽车行业提取值
I23.2	1.000	0.878	0.810	0.862	0.760	0.850
I24.1	1.000	0.806	0.829	0.871	0.823	0.913
I24.2	1.000	0.819	0.851	0.924	0.889	0.904
累计总方差解释		81.384%	83.525%	87.714%	82.949%	89.737%

根据分析结果可以看出，食品行业各问题项的因子载荷在 0.676~0.903，机械制造行业各问题项的因子载荷在 0.733~0.945，制药行业各问题项的因子载荷在 0.765~0.957，电子行业各问题项的因子载荷在 0.748~0.918，汽车行业各问题项的因子载荷在 0.784~0.974，均大于 0.45，且都在初始设定维度内。此外，五个行业的累计总方差解释分别达到 81.384%、83.525%、87.714%、82.949%、89.737%，均超过了 60%，因此认为五个不同行业问卷收集的数据具有良好的结构效度。

二、样本的信度分析

在效度分析证明了问卷测量结果的准确性后，通过信度分析检验测量结果的稳定性及一致性。一般而言，α 值大于 0.6 便属于可接受信度范围，α 值在 0.7 以上，表明问卷具有较高信度。此次问卷共设计 51 个问题，其中，质量管理过程问题 25 个、技术创新过程问题 26 个。根据研究需要，本书分别对问卷整体、食品行业、机械制造行业、制药行业、电子行业、汽车行业的质量管理与技术创新的耦合过程评价指标数据进行信度分析。通过 SPSS 25.0 计算问卷的 Cronbach's α 来衡量信度，结果如表 5-9 所示：

表 5-9 问卷信度分析结果

研究对象	项数	Cronbach's α 值
整体	51	0.862
食品行业	51	0.720

续表

研究对象	项数	Cronbach's α 值
机械制造行业	51	0.756
制药行业	51	0.604
电子行业	51	0.800
汽车行业	51	0.747

由表 5-9 可知，问卷整体的 α 值达到了 0.862，说明问卷整体的稳定性与一致性非常好，具有非常高的可信度。分行业来看，食品行业、机械制造行业、汽车行业的 α 值分别为 0.720、0.756、0.747，均大于 0.7。电子行业的 α 值最高，达到了 0.800。制药行业的 α 值最低，为 0.604，主要由两方面原因造成的：第一，在回收的问卷中，属于医药行业且符合要求的仅有 33 份，在数量上相对偏少；第二，现有的研究中缺少对质量管理过程和技术创新过程的分析，也并未建立相关的指标体系，因此本书指标的选取主要是基于企业在质量管理过程和技术创新过程中所进行的具体活动，所以在进行问卷设计时，每个指标仅设计 1～2 个问题收集相关数据，解释的维度较少，导致信度偏低，虽然未达到 0.7，但在 0.6～0.7 也属于可接受范围。因此认为本书设计调查问卷收集到的结果具有良好的可信度。

第六节　实证结果分析

一、全面质量管理与技术创新的指标权重分析

根据问卷收集得到的原始数据，运用上文介绍的熵值法计算公式确定全面质量管理与技术创新的过程耦合系统评价指标体系各指标的权重值，结果见表 5-10。

表 5-10 全面质量管理与技术创新的过程评价指标权重

子系统层	阶段层	指标层	权重值
全面质量管理过程系统	质量策划	项目和设计目标确定	0.0861
		质量转化	0.0847
		过程控制方式开发	0.0759
	质量控制	控制计划设计	0.0880
		产品/服务/过程符合性确定	0.0796
		纠正措施实施	0.0961
	质量保证	质量管理体系建立	0.0784
		质量管理体系运行	0.0864
		质量管理体系评价与整改	0.0869
	质量改进	质量改进计划	0.0742
		改进活动展开	0.0821
		改进成果评价与推广	0.0817
技术创新过程系统	创新计划	创新源监控	0.0957
		创新机遇识别与筛选	0.0684
		创新计划设计	0.0887
	技术开发	技术选择	0.0838
		技术获取	0.1264
		新产品开发	0.0727
	生产与营销	生产管理	0.0780
		供应链配置	0.0819
		市场营销	0.0820
	评估与反馈	市场和竞争监控	0.0836
		信息反馈分析	0.0749
		产品改进与淘汰	0.0640

可以看出，全面质量管理过程系统权重值最大的是纠正措施指标，为0.0961，属于质量控制阶段，且质量控制阶段各项指标的权重值普遍高于其他阶段；技术创新过程系统中权重值最大的是技术获取指标，为0.1264，属于技术开发阶段，且技术开发阶段各项指标的权重值普遍高于其他阶段。此外，各项指标的权重值基本呈现均匀分配，相差微小，表明

对于全面质量管理过程及技术创新过程的阶段划分及评价指标的选择是合理有效的。

二、全面质量管理与技术创新的过程耦合协调度结果分析

根据建立的质量管理与技术创新的过程耦合评价模型，分别计算行业整体及食品行业、机械制造行业、制药行业、电子行业、汽车行业质量管理与技术创新的过程耦合协调度，具体结果见表 5-11。

表 5-11 耦合协调度及耦合等级结果

行业类别	U1/Um1	U2/Um2	Hn	T	耦合协调度	耦合等级
整体	0.6207	0.5109	0.9953	0.5658	0.7504	良好耦合
食品行业	0.5032	0.4527	0.9986	0.4780	0.6909	中度耦合
机械制造行业	0.4972	0.4403	0.9982	0.4688	0.6840	中度耦合
制药行业	0.6311	0.5509	0.9977	0.5910	0.7679	良好耦合
电子行业	0.6472	0.6331	0.9999	0.6402	0.8001	优质耦合
汽车行业	0.5187	0.5026	0.9999	0.5107	0.7146	良好耦合

（一）耦合度 Hn 分析

根据分析结果可以看出，五个行业的耦合度 Hn 由大到小排序为：电子行业>汽车行业>食品行业>机械制造行业>制药行业，其值分别为 0.9999、0.9999、0.9986、0.9982、0.9977，均在 0.9 以上，证明各个行业全面质量管理过程与技术创新过程之间相互影响非常大，呈现非常好的协同作用。

结合子系统的发展水平来看，五个行业的全面质量管理过程子系统和技术创新子系统的发展水平由高到低排序为：电子行业>制药行业>汽车行业>食品行业>机械制造行业。子系统发展水平较低的机械制造行业的耦合度高于子系统发展水平较高的食品行业，这证实了上文中提到的耦合度分析的缺陷，因此在耦合度分析的基础上，继续分析全面质量管理与技术创新的过程耦合协调发展程度。

（二）系统耦合协调度发展水平分析

从表 5-11 可以看出，行业整体全面质量管理与技术创新的过程耦合协调度达到 0.7504，处于良好耦合状态。五个行业的耦合协调程度各不相同，由大到小分别为：电子行业>制药行业>汽车行业>食品行业>机械制造行业，与子系统的发展水平高低顺序一致，是合理的。按照上文介绍的耦合协调度等级划分标准分为三类：第一类，食品与机械制造两个行业的过程耦合协调度分别为 0.6909、0.6840，处在 0.6～0.7，属于中度耦合状态；第二类，制药与汽车两个行业的过程耦合协调度分别为 0.7679、0.7146，处在 0.7～0.8，属于良好耦合状态；第三类，电子行业的过程耦合协调度为 0.8001，大于 0.8，属于优质耦合的状态。

综上所述，无论是行业整体还是各个行业，质量管理与技术创新的过程并未出现失调的状态，均呈现较好的耦合协调性，尤其电子行业表现的最为突出。

第六章

结论与建议

第一节　研究结论

一、全面质量管理对企业技术创新影响机制研究结论

质量管理和创新作为企业生存的两大竞争优势，如何平衡好两者之间的关系促进企业效益最大化是当今企业发展应该着重关注的地方。本书通过对 200 多家北京市企业进行调查分析，对全面质量管理成熟性在企业技术创新中的影响机制进行分析，供企业在实际管理时参考借鉴。

在全面质量管理对企业技术创新绩效的影响机制研究中发现，全面质量管理的成熟性直接影响了企业技术创新中的渐进式创新绩效，尤其体现在战略、顾客与市场、资源、过程管理、测量分析与改进上；在对突破性创新绩效的影响中，虽未得出全面质量管理成熟性对其的直接影响，但全面质量管理的战略和测量、分析与改进对企业突破性创新绩效有直接的影响，这一点进一步证实了全面质量管理与企业技术创新之间理念和实践上的共同之处，成熟的全面质量管理必会促进企业的探索性创新和改进式创新的成功。总结下来，得出以下结论：

（1）无论是突破性创新还是渐进式创新，全面质量管理成熟性对创新过程均起着正向的影响作用，即意味着企业的全面质量管理成熟性越高，其在技术创新过程中越能把握信息、充分利用各种资源促进创新效率和实现创新绩效。

（2）对全面质量管理构成要素对企业技术创新的影响机制的研究中发现，战略、过程管理、测量分析与改进活动对突破性创新和渐进式创新都起着正向的影响作用，领导、顾客与市场和资源对企业的渐进式技术创新

起着正向的影响作用，做好全面质量管理每个环节的管理对企业的技术创新都有着非常重要的意义。

（3）领导实践强调了领导对企业文化的宣传和示范作用，当领导倡导创新、开放的企业文化时，会使企业形成一股创新氛围，促进企业创新。

（4）全面质量管理的战略实践促使企业对内外部环境进行正确分析和决策，对战略计划进行落地和绩效的测量，也决定其创新过程将会成为绩效测量的一部分，从而实现企业创新绩效的提升。

（5）顾客与市场的变化是企业进行创新的动力来源，对人、财、物、方法、信息等资源的实时了解和合理分配使企业在进行创新时能够更高效高质地完成任务，带来创新绩效的提升。

（6）过程管理、测量分析和改进贯穿于全面质量管理各个实践当中，不断促进企业的流程改进和创新，成为企业技术创新的重要推动力。

二、企业生命周期的不同阶段全面质量管理实践对技术创新的影响研究结论

质量管理与创新均能为企业获取竞争优势。本书从生命周期的角度出发，借助 Amos 17.0 软件构建质量管理与技术创新的结构方程模型，通过对北京市 292 家企业的样本进行实证分析，认为从总体上看，在企业生命周期的不同阶段，质量管理与技术创新有着差异化的影响；具体到每个生命周期阶段，企业实施全面质量管理的重点各有差异，具体结论如下：

（1）卓越绩效模式框架下的质量管理活动，即领导、战略、顾客与市场、过程管理、资源、测量分析与改进均与企业技术创新活动（即突破式创新和渐进式创新）正相关。整体而言，企业质量管理活动对于技术创新的影响程度差异较小，但资源的重要程度相对较高，领导的重要程度较差。

（2）所有全面质量管理因素对初创期企业的创新影响显著，过程管理对企业创新存在较低显著水平的负向影响；其余因素对企业创新都有显著正向影响，其中影响最大的两个因素是资源和领导。初创期企业对灵活性

的要求较高，而过程管理中定规的活动限制了企业的创新能力。

（3）所有全面质量管理因素对成长期企业的创新影响显著，影响程度最大的两个因素是战略、顾客与市场，此阶段与企业快速发展的相关因素至为关键。

（4）所有全面质量管理因素对成熟期企业的技术创新都有显著影响，其中影响最大的两个因素是过程管理、测量分析与改进，在该阶段程序化的制度更有利于企业的创新能力发展和知识积累。

（5）所有全面质量管理因素对再生期企业技术的创新有显著作用，其中对企业创新影响较大的活动是战略、测量分析与改进，再生期企业可以在一定程度上汲取同行业其他企业的转型经验，但整体路径系数的显著性较差，可能的原因是在此阶段企业内外部环境较为混乱。

三、全面质量管理与技术创新的过程耦合研究结论

北京市作为全国“科技创新中心”，北京市企业是科技创新的主体，全面提高北京市企业的创新能力成为首都发展的要求和责任。通过调研发现，北京市规模以上企业质量管理成熟度不高，创新基础也有待提高，另外企业往往将全面质量管理和创新割裂看待，没有用全面质量管理的理念和方法指导企业创新实践，没有在全面质量管理的基础上系统地开展创新活动。质量管理与创新均能为企业建立核心竞争优势，获取竞争力是企业持续发展的关键所在，实现质量管理与创新的耦合协调对于提高企业的竞争力、保证可持续发展有着非常重要的作用。因此，本书参考国内外大量文献，在 PDCA 过程理论的基础上，提出了全面质量管理与技术创新的过程耦合协调关系概念模型，并建立全面质量管理与技术创新的过程耦合评价模型，以北京市 210 家企业为研究对象，通过实证分析，得出以下结论：

（1）熵值法权重赋值结果表明提升企业全面质量管理水平关键在于质量控制阶段对产品/服务/过程特征有效控制和改进，使之始终与企业质量目标保持一致。技术创新过程的关键在于技术开发阶段，综合考虑企业内

外部环境，选择引进外部技术或建立企业独有的研发体系，自主研发所需技术，开发新产品或改进创新老产品。

（2）通过对全面质量管理与技术创新的过程耦合协调发展水平分析可知，无论是行业整体抑或是分行业，企业的全面质量管理与技术创新过程间均有着良好的耦合性，这是因为本书的问卷调查对象设定为北京市企业，这些企业均实施卓越绩效模式，积极推行全面质量管理和创新管理，使得全面质量管理过程及技术创新过程子系统有着较高且相近的发展水平。

（3）五个行业按照耦合协调度结果由大到小排序为：电子行业>制药行业>汽车行业>食品行业>机械制造行业，且均处于中度耦合以上的状态。这是由行业内企业间的竞争压力大小及对过程和结果重视程度所决定的。相比较，电子行业近年来发展迅猛，企业竞争压力逐年增长，企业不仅看重结果，对产品的开发过程也同等重视，所以表现出更高的耦合协调度。

通过研究，证明了在实施卓越绩效模式、推行全面质量管理和创新管理的企业中，质量管理与技术创新具有较高的耦合协调度，相互影响，彼此作用。因此，于企业而言，不应将质量管理与创新管理割裂看待，而应追求质量管理与创新的协同作用，为企业带来更大的效益。

第二节　研究建议

一、把握质量控制，加强技术开发

加强企业依据绩效标准、组织目标对质量事中控制的意识，在质量控制阶段对产品/服务/过程特征有效控制和改进；在质量控制阶段实行目标管理，要求监管人员明确产品各项参数指标/服务评价标准/过程规范，将目标层层落实到相应的部门，具体到员工个人；鼓励员工发现质量控制问题，提出解决方案，以促进质量控制工作的持续改进；将质量控制效率纳入绩效考核指标，明确奖罚标准保证充分发挥质量控制阶段在提升全面质量管理水平中的关键作用。

在技术开发阶段，企业结合自身内部条件和外部环境，对技术开发内容如开发新产品、改进优化原有产品设计、设备工具开发和生产工艺开发等，以及技术开发途径包括国外技术引进、合作开发等，进行合理决策。2020 年第十三届全国人民代表大会第三次会议的政府工作报告中提出政府引导企业增加研发投入，加强企业技术创新的主体地位。增强企业技术开发能力和技术研发投入对企业技术创新至关重要，因此政府应该进一步健全稳定其支持机制，减少企业技术创新负担和后顾之忧，继续加大科研投入，进一步完善政府补贴制度、税收优惠机制以激励企业增加技术研发投入。

二、推动实施卓越绩效模式，提高企业发展水平

我国制定的《GB/T 19580 卓越绩效评价准则》，其模式和标准已成为我国各类组织实现持续改进、保持并不断增强竞争优势的有效方法和工具。卓越绩效模式是组织实施全面质量管理提供了管理体系框架和实施细则，是诊断评价组织经营质量成熟度的工具。为推动各地区经济高质量发展，各地政府结合我国本土现状，推行政府质量奖制度，鼓励企业引入卓越绩效模式，实施全面质量管理，取得了显著的效果。

政府及行业应在评选政府质量管理奖的同时，积极推动企业实施卓越绩效模式，以提高全面质量管理和创新管理发展水平，增强组织质量管理与技术创新系统内部的耦合性，充分发挥全面质量管理良好效益对技术创新绩效的带动性，从而为企业甚至为行业带来更大效益。各地政府应根据本地实际情况，适时调整政府质量奖评奖准则细节，充分借鉴其他地区或国家的实践经验，取其精华，发挥本地区经济增长优势和特色，形成更适用于本地发展特征的质量评审逻辑体系，从而更加充分地发挥政府质量奖的标杆带动作用。

三、提升企业全面质量管理成熟性，促进企业技术创新

企业应全面提升质量管理成熟性，做好每个环节的管理：领导实践强调了领导对企业文化的宣传和示范作用，企业领导应起到良好的带头作用，树立提升质量管理水平、重视企业技术创新的观念意识。当领导倡导创新、开放的企业文化时，会使企业形成一股创新氛围，促进企业进行创新；全面质量管理的战略实践促使企业对内外部环境进行正确分析和决策，对战略计划进行落地和绩效的测量，也决定其创新过程将会成为绩效测量的一部分，从而实现企业创新绩效的提升；顾客与市场的变化是企业进行创新的动力来源，对人、财、物、方法、信息等资源的实时了解和合理分配使企业在进行创新的时候能够更高效高质完成任务，带来创新绩效的提升；过程管理、测量、分析和改进贯穿于全面质量管理各个实践当中，不断促进企业的流程改进和创新，成为企业技术创新的重要推动力。做好全面质量管理每个环节的管理对企业的技术创新都有着非常重要的意义。因此企业在技术创新过程中应多把握信息、充分利用各种资源促进创新效率和实现创新绩效。

四、判断所处生命周期阶段，抓住全面质量管理重点

在企业生命周期的不同阶段，质量管理与技术创新有着差异化的影响。具体到每个生命周期阶段而言，企业实施全面质量管理的重点各有差异：

（1）在初创期，全面质量管理重点是领导与资源，企业应当本着自身已有的技术开拓利基市场，抓住商业机会。

（2）在成长期，全面质量管理重点是战略、顾客与市场，企业首先要坚持企业家导向，搜寻市场新机会，加大资源投入；其次应当以市场为主导，坚持成本领先战略，发挥规模经济效益，保持一定程度的创新导向，技术创新与管理创新共同发展，以获得创新导向和市场导向的协同。在这

一阶段，企业的卓越绩效模式已初现端倪，企业内部仍采用较为集权的领导方式，员工大部分都是高效的执行者，企业的战略已经成型。

（3）在成熟期，全面质量管理重点是过程管理，测量、分析与改进，在产品、服务和技术上，通过设立研发部门、成立新项目，以规章制度指导研究发展；在管理上，树立标杆企业，打造行业领军企业，使企业保持“年轻化”。在此阶段，企业应当谨慎地寻找新的机遇，全力培养新的增长点，以研发为主导，坚持差异化战略，发挥资源优势，主动引领市场的发展。

（4）在再生期，尽管全面质量管理对技术创新有影响，但影响不显著，领导、战略成为重点，因此企业应当根据自身实际情况，学习行业转型路径，在新开发的产品市场实现再创业。

参 考 文 献

［1］ Singh P J，Smith A. Relationship between TQM and innovation：An empirical study ［J］. Journal of Manufacturing Technology Management，2004，15 （5）：394-401.

［2］ Leavengood S，Anderson T R，Daim T U. Exploring linkage of quality management to innovation ［J］. Total Quality Management & Business Excellence，2014，25 （9-10）：1126-1140.

［3］ Wang C H. A longitudinal study of innovation competence and quality management on firm performance ［J］. Innovation，2014，16 （3）：392-403.

［4］ Long C S et al. Impact of tqm practices on innovation performance among manufacturing companies in malaysia ［J］. South African Journal of Industrial Engineering，2015，26 （1）：75-85.

［5］ Bourke J，Roper S. Innovation，quality management and learning：Short-term and longer-term effects ［J］. Research Policy，2017，46 （8）：1505-1518.

［6］ Zeng Jing，Zhang，Wenqing，Matsui，Yoshiki，Zhao，Xiande. The impact of organizational context on hard and soft quality management and innovation performance ［J］. International journal of production economics，2017，185：240-251.

［7］ Escrig-Tena，Ana B，Segarra-Ciprés，Mercedes，García-Juan，Beatriz，Beltrán-Martín，Inmaculada. The impact of hard and soft quality management and proactive behaviour in determining innovation performance ［J］. International Journal of Production Economics，2018，200 （7）：1-14.

［8］ 李钊，苏秦，宋永涛．质量管理实践对企业绩效影响机制的实证

研究［J］. 科研管理，2008，(1)：41-47.

［9］姜鹏，苏秦，党继祥，刘强. 不同类型的质量管理实践与企业绩效影响机制的实证研究［J］. 中国软科学，2009 (7)：134-143.

［10］姜鹏，苏秦，宋永涛，党继祥. 不同情景下质量管理实践与企业绩效模型的实证研究［J］. 管理评论，2010，22 (11)：111-119.

［11］张群祥，奉小斌. 质量管理实践对创新绩效影响的实证研究——技术战略导向的调节效应［J］. 宏观质量研究，2014，2 (4)：89-99.

［12］姜鹏，苏秦，张鹏伟. 质量管理实践与企业绩效关系模型研究——扩展知识路径的研究视角［J］. 科学学研究，2013，31 (6)：904-912.

［13］孙兆刚. 面向创新驱动战略的创新质量分析［J］. 工业技术经济，2015 (2)：71-76.

［14］奉小斌. 质量管理实践与企业创新真的相悖吗？——以组织学习为中介变量的实证研究［J］. 研究与发展管理，2015，27 (5)：88-98.

［15］宋永涛，苏秦. 质量管理实践、新产品开发能力与新产品开发绩效关系研究［J］. 科技进步与对策，2016，33 (9)：79-85.

［16］周锋，顾晓敏，韩慧媛，何建佳. 质量管理实践、吸收能力与创新绩效——基于船舶企业智能制造视角［J］. 科技进步与对策，2021，38 (7)：67-75.

［17］林琳，陈万明，谢嗣胜. 双元视角下制造业质量管理实践对创新绩效的影响［J］. 工业工程与管理，2019，24 (2)：130-136+146.

［18］孙卫，张凌祥，林子鹏. 质量管理实践对企业创新绩效的影响——市场竞争强度的调节作用［J］. 科技进步与对策，2021，38 (7)：95-104.

［19］Santos-Vijande M L，Álvarez-González L I. Innovativeness and organizational innovation in total quality oriented firms：The moderating role of market turbulence［J］. Technovation，2007，27 (9)：514-532.

[20] Kim D Y, Kumar V, Kumar U. Relationship between quality management practices and innovation [J]. Journal of operations management, 2012, 30 (4): 295-315.

[21] C Camisón, A Puigdenia. Are quality management practices enough to improve process innovation [J]. International Journal of Production Research, 2016, 54 (10): 1-20.

[22] Li Dayuan, Zhao Yini, Zhang, Lu, Chen, Xiaohong, Cao, Cuicui. Impact of quality management on green innovation [J]. Journal of cleaner production, 2018 (170): 462-470.

[23] 李全喜，孙磐石，金凤花. 质量管理与组织创新、组织绩效的关系——以我国制造类企业为例的实证研究 [J]. 科技进步与对策，2011, 28 (6): 88-93.

[24] 宋沛. 企业全面质量管理与知识创新关系研究 [D]. 西安科技大学，2015.

[25] 张光明，徐飞. 全面质量管理与企业创新能力、竞争优势的关系——基于资源和动态能力视角 [J]. 科技管理研究，2017, 37 (2): 39-45.

[26] 张颖，刘梦晓，胡蕊，张立莉，周伟. 全面质量管理与创新的中介变量研究——基于组织文化智力视角 [J]. 管理评论，2021, 33 (8): 116-127.

[27] C B Kim, S H Kwon, Y Y Park. The influences of quality management system standards (ISO 9000) on supply Chain innovation and business performance [J]. Journal of Korea Trade, 2015, 19 (2): 23-50.

[28] Vujović, Aleksandar, Jovanović, Jelena. The relationship between innovations and quality management system [J]. Tehnicki Vjesnik, 2017, 24 (2): 551-556.

[29] 余红伟，郑伟华，陈文津，黄颖. 质量管理视角下制造企业技术创新效率及影响因素 [J]. 中国科技论坛，2016,（10): 72-77.

［30］余红伟，谭琳．质量管理模式能提高企业创新效率吗？——基于 2015 年中国企业-员工匹配调查数据的实证研究［J］．北京工商大学学报（社会科学版），2017，32（2）：100-109.

［31］赵云辉．科技型企业知识创新影响因素研究——以社会资本为视角［J］．科技管理研究，2014，v.34；No.313（15）：144-146+152.

［32］陈战波，朱喜安．科技型中小企业持续创新能力评价体系研究［J］．技术经济与管理研究，2015，224（3）：32-36.

［33］杜楠，王大本，邢明强．科技型中小企业技术创新驱动因素作用机理［J］．经济与管理，2018，（2）：81-88.

［34］薛捷．知识网络双重异质性对于科技型企业产品创新的影响研究［J］．中国科技论坛，2015，232（8）：28-34.

［35］Hashai N. Focusing the High-Technology firm——how outsourcing affects technological knowledge exploration［J］. Journal of Management，2016.

［36］Bolzani D，Boari C. Evaluations of export feasibility by immigrant and non-immigrant entrepreneurs in new technology-based firms［J］. Journal of International Entrepreneurship，2017（1）：1-34.

［37］黄艳，陶秋燕，朱福林．关系强度、知识转移与科技型中小企业创新绩效［J］．企业经济，2017，v.36；No.448（12）：88-94.

［38］蔺鹏，孟娜娜，李颖．科技金融政策与科技型中小企业创新绩效的耦合协调研究——以河北省为例［J］．科技管理研究，2018，v.38；No.397（03）：54-62.

［39］Rahim A，Atan R，Kamaluddin A. Intellectual capital reporting in Malaysian technology industry［J］. Asian Journal of Accounting and Governance，2011.

［40］荣鹏飞，葛玉辉．高管团队自反性：研究模型与案例分析［J］．商业研究，2014，441（1）：72-80.

［41］乔朋华．企业家社会资本、技术创新能力对中小企业绩效的影响研究［D］．哈尔滨工业大学，2015.

［42］葛晓永，吴青熹，赵曙明．基于科技型企业的学习导向、团队

信任与企业创新绩效关系的研究 [J]. 管理学报，2016，v.13；No.118(7)：996-1002.

[43] 陶章. 企业高管团队异质性与企业绩效的关联度研究 [J]. 技术经济与管理研究，2018，(6)：10-14.

[44] Daniel I Prajogo，Amrik S Sohal. TQM and innovation：A literature review and research framework [J]. Technovation，2001.

[45] João Carlos de Oliveira Matias. Integrated total quality management：Beyond zero defects theory and towards innovation [J]. Denis Alves Coelho Total Quality Management & Business Excellence，2011，22 (8)：891-910.

[46] Zeng J，Phan C A，Matsui Y. The impact of hard and soft quality management on quality and innovation performance：An empirical study [J]. International journal of production economics，2015 (162)：216-226.

[47] Ang Wei Shan and Mohd Fauzi Ahmad and Nik Hisyamudin Muhd Nor. The mediating effect of kaizen between total quality management (TQM) and business performance [J]. IOP Conference Series：Materials Science and Engineering，2016，160 (1).

[48] Palm K，Lilja J，Wiklund H. The challenge of integrating innovation and quality management practice [J]. Total Quality Management & Business Excellence，2016，27 (1-2)：34-47.

[49] Ruiz-Moreno A，Haro-Domínguez C，Tamayo-Torres I，et al. Quality management and administrative innovation as firms' capacity to adapt to their environment [J]. Total Quality Management & Business Excellence，2016，27 (1-2)：48-63.

[50] 李正权. 从全面质量管理到全面质量创新——论21世纪质量管理的主要特征 [J]. 世界标准化与质量管理，1999 (12)：4-6.

[51] 梁欣如，许庆瑞. TQM是否阻碍了全员创新？——TQM的管理控制模式与全员创新模式 [J]. 中国地质大学学报（社会科学版），2006(2)：48-53.

［52］王墨玉，王鹏，赵荣哲，等．基于 SEM 的企业质量管理与 TIM 整合研究［J］．科技进步与对策，2007，24（6）：109-111.

［53］单汨源，李盈．基于卓越绩效模式的企业持续创新机制研究［J］．科技进步与对策，2010，27（15）：92-95.

［54］杨幽红，宋明顺．全面创新质量管理——一个整合性概念［J］．科技管理研究，2019，39（10）：243-247.

［55］贾纯锋．质量管理体系评价的方法研究［J］．世界标准化与质量管理，2008，414（11）：49-52.

［56］苏秦，宋永涛，刘威延．中国企业质量管理成熟度研究［J］．科学学与科学技术管理，2010，v. 31；No. 348（09）：172-177.

［57］何桢，赵玉忠．全面质量管理中的关键影响因素分析［J］．统计与决策，2008，264（12）：164-166.

［58］史丽萍，刘强．企业质量管理成熟度的评价［J］．统计与决策，2015，（3）：183-185.

［59］张公一，郗玉娟，刘娜．基于精益六西格玛的服务业质量管理评价指标体系研究［J］．湖南大学学报（社会科学版），2016，（6）：79-84.

［60］Treleven M D，Watts C A，Hogan P T. Communicating along the supply Chain：A survey of manufacturers' investment and usage plans for information technologies［J］. American Business Law Journal，2000，15（2）：53-62.

［61］Martins R A，de Matos Miranda R A，de Oliveira G T，et al. Quality management maturity as a trigger to performance measurement systems evolution［C］//IIE Annual Conference. Proceedings. Institute of Industrial and Systems Engineers（IISE），2010：308.

［62］Pasalodos D，Domingo R. A maturity model for quality management to increase the organizational knowledge［J］. Annals of Daaam&Proceedings，2011.

［63］Xiao fen T. Investigation on quality management maturity of Shanghai enterprises［J］. The TQM Journal，2013，25（4）：417-430.

［64］ Aranda J R G，Márquez F P G. Use of excellence models as a management maturity model（3M）［M］. Advanced Business Analytics. Springer，Cham，2015：165-179.

［65］ Santos-Vijande M L，LI Álvarez-González. Innovativeness and organizational innovation in total quality oriented firms：The moderating role of market turbulence［J］. Technovation，2007，27（9）：514-532.

［66］ 曾珍，王宗军．政府质量奖对质量管理实践与企业绩效关系的调节效应——基于新制度主义理论［J］. 管理评论，2017，29（10）：180-197.

［67］ Wen D，Lv J，Chen X，et al. A dynamic analysis on implementing performance excellence model：Importance，achievement and correlations［J］. Computers & Industrial Engineering，2016，101（C）：338-351.

［68］ Zeng J，Phan C A，Matsui Y. The impact of hard and soft quality management on quality and innovation performance：An empirical study［J］. International journal of production economics，2015，162：216-226.

［69］ Song Y，Ding X. Does quality management support innovation? A Resource-Based View［C］//International Asia Conference on Industrial Engineering and Management Innovation（IEMI2012）Proceedings. Springer，Berlin，Heidelberg，2013：883-892.

［70］ 施国洪，李鸣．质量管理实践、知识转移与企业创新绩效的实证研究［J］. 中国集体经济，2019（31）：87-89.

［71］ 韩磊，路正南．质量管理、环境管理对企业创新绩效的影响研究——知识转移的中介作用［J］. 现代管理科学，2020（2）：77-79+108.

［72］ Hairc M. Biological models and empirical history of the growth of organization：modern organizational theory［M］. New York：John Wiley and Sons，1959：33-252.

［73］ Lofgren M，Witell L，Gustafsson A. Theory of attractive quality and life cycles of quality attributes［J］. TQM Journal，2011，23（2）：235-246.

［74］ Adize I. Corporate lifecycles：how and why corporations grow and die and what to do about it ［M］. Upper Saddle River：Prentice Hall，1989.

［75］ Miller D，Friesen P H. A longitudinal study of the corporate life cycle ［J］. Management Science，1984，30 （10）：1161－1183.

［76］ Kafetzopoulos D，Gotzamani K，Gkana V. Relationship between quality management，innovation and competitiveness. Evidence from Greek companies ［J］. Journal of Manufacturing Technology Management，2015，26 （8）：1177－1200.

［77］高松，刘建国，王莹．科技型中小企业生命周期划分标准定量化研究——基于上海市科技型中小企业的实证分析［J］. 科学管理研究，2011，v. 29；No. 181 （02）：107－111.

［78］高松，庄晖，叶青．上海市科技型中小企业不同生命周期阶段的政府资助效用研究［J］. 科技进步与对策，2012，29 （16）：98－103.

［79］余谦，吴旭，刘雅琴．生命周期视角下科技型中小企业的研发投入、合作与创新产出［J］. 软科学，2018，32 （6）：87－90.

［80］ Dickinson V. Future profitability and growth，and the roles of firm life cycle and barriers－to－entry. ［D］. The University of Wisconsin－Madison，2006.

［81］范群林．基于产业生命周期理论的文化产业创新绩效技术影响研究［J］. 财会月刊，2017，10 （29）：23－28.

［82］谢赤，苏丽萍．生命周期视角下企业技术创新对权益资本成本的影响［J］. 科技管理研究，2017，37 （19）：15－21.

［83］王小燕，张俊英，王醒男．金融科技、企业生命周期与技术创新——异质性特征、机制检验与政府监管绩效评估［J］. 金融经济学研究，2019，34 （5）：93－108.

［84］杜金岷，谭怡君，吴非．股票流动性、企业生命周期与技术创新［J］. 南京审计大学学报，2019，16 （4）：61－71.

［85］姚平，姜曰木．技术创新、制度创新与资源型城市产业转型：基于生命周期的视角［J］. 科学管理研究，2012，30 （6）：1－4.

［86］ Moreno-Luzon M D，Gil-Marques M，Valls-Pasola J. TQM，innovation and the role of cultural change［J］. Industrial Management & Data Systems，2013，113（8）：1149-1168.

［87］ Long C S，Aziz A，Hamizan M. Determinants for product and process innovation：A Review in the Perspective of TQM Practices［J］. Advanced Materials Research，Trans Tech Publications，2013，787：1072-1076.

［88］ 北京市质量技术监督局，中国矿业大学（北京）. 政府质量将导读［M］. 北京：中国质检出版社，2016.

［89］ Crosby P B. Quality is free：The art of making quality［M］. McGraw-Hill New York，1979.

［90］ Juran J M. The Quality Trilogy［J］. Quality progress，1986，19（8）：19-24.

［91］ Garvin D A. Competing on the 8 dimensions of quality［J］. Harvard business review，1987，65（6）：101-109.

［92］ 詹姆斯·埃文斯，威廉·林赛. 质量管理与卓越绩效［M］. 中国人民大学出版社，2016：5-6.

［93］ Standard ISO. ISO 9001：2000［J］. Stroke，2001（32）：40.

［94］ Taylor F W. The Principles of Scientific Management［Z］. 1991：JSTOR.

［95］ 尤建新，张建同，杜学美. 质量管理学［M］. 北京科学出版社，2003.

［96］ Feigenbaum A V. Total quality control：Engineering and management：the technical and managerial field for improving product quality，including its reliability，and for reducing operating costs and losses［M］. McGraw-Hill，1961.

［97］ 国家质量技术监督局. GB/T 6583——1994 ISO 8402：1994 质量管理和质量保证［M］. 北京：中国标准出版社，1994.

［98］ 科恩. 政府全面质量管理［M］. 中国人民大学出版社，2002.

［99］ Li L.，Markowski C，Xu L，et al. TQM-A predecessor of ERP implementation [J]. International Journal of Production Economics, 2008, 115 (2): 569-580.

[100] 罗毅. 社会问答平台信息质量管理研究——全面质量管理视角 [D]. 武汉大学, 2017.

[101] Taguchi G. Introduction to quality engineering: Designing quality into products and processes [M]. 1986.

[102] 岑咏霆. 质量管理教程 [J]. 上海: 复旦大学出版社, 2005.

[103] Dale B G, Lascelles D M. Total quality management adoption: Revisiting the levels [J]. Tqm Magazine, 1997, 9 (6): 418-428.

[104] 朱兰, 德费欧, 焦叔斌, 等. 朱兰质量手册: 通向卓越绩效的全面指南 [M]. 北京: 中国人民大学出版社, 2014.

[105] 易晓岑. 浅谈全面质量管理在企业中的运用 [J]. 广东科技, 2015, (14): 38-40.

[106] 方婷云, 陈梅. 印刷企业全面质量管理体系探析 [J]. 广东印刷, 2014 (1): 7-10.

[107] 朱兰. 朱兰质量手册 [M]. 焦叔斌, 译. 中国人民大学出版社, 2003: 224-229.

[108] Saraph J V, Benson P G, Schroeder R G. An instrument for measuring the critical factors of quality management [J]. Decision Sciences, 1994, 20 (4): 810-829.

[109] Flynn B B, Schroeder R G, Sakakibara S. A framework for quality management research and an associated measurement instrument [J]. Journal of Operations Management, 1994, 11 (4): 339-366.

[110] Aranda J R G, Márquez F P G. Use of excellence models as a management maturity model (3M) [M] //Advanced Business Analytics. Springer, Cham, 2015: 165-179.

[111] Martins R A, de Matos Miranda R A, de Oliveira G T, et al. Quality Management Maturity as a Trigger to Performance Measurement Systems Evolution

[C] //IIE Annual Conference. Proceedings. Institute of Industrial and Systems Engineers (IISE), 2008: 308.

[112] 卓越绩效评价准则实施指南 [J]. 中国质量技术监督, 2012 (12): 68-71.

[113] Kotter J P. Leading change [M]. Harvard Business Press, 1996.

[114] 胡哲一. 技术创新的概念与定义 [D]. 1992.

[115] Furman J L, Porter M E, Stern S. The determinants of national innovative capacity [J]. Research policy, 2002, 31 (6): 899-933.

[116] 许庆瑞, 朱建忠, 郑刚. 全面质量管理对创新的影响: 积极抑或消极? [J]. 技术经济, 2006 (7): 23-26.

[117] 余子鹏, 王今朝. 我国企业技术创新选择影响因素的实证分析 [J]. 科研管理, 2015, 36 (7): 49-55.

[118] 蒋贵凰. 企业创新过程解析 [J]. 改革与战略, 2008, 24 (12): 191-193.

[119] 阿曼德. 创新管理: 情境, 战略, 系统和流程 [M]. 北京: 北京大学出版社, 2014.

[120] 张培富, 李艳红. 技术创新过程的自组织进化 [J]. 科学管理研究, 2000 (6): 1-4.

[121] Atuahene - Gima K, Murray J Y. Exploratory and exploit - ative learning in new product development: A social capital perspective on new technology ventures in China [J]. Journal of International Marketing, 2007, 15 (2): 1-29.

[122] Jansen J P, Frans A J, Van Den Bosch H, Volberda W. Exploratory innovation, exploitative innovation, and performance: Effects of organizational antecedents and environmental moderators [J]. Management Science, 2006, 52 (11): 1661-1674.

[123] Koberg C S, Detienne D R, Heppard K A. An empirical test of environmental, organizational, and process factors affecting incremental and

radical innovation [J]. The Journal of High Technology Management Research, 2003, 14 (1): 21-45.

[124] 李剑力. 探索性创新、开放性创新与企业绩效关系研究 [J]. 科学学研究, 2009, 27 (9): 1418-1427.

[125] 杨菲, 安立仁, 史贝贝, 等. 知识积累与双元创新能力动态反馈关系研究 [J]. 管理学报, 2017, 14 (11): 1639.

[126] 郑萌. 科技创新与金融创新耦合的机制与实证研究 [D]. 武汉理工大学, 2013.

[127] Spender J C, Grevesen W. The multinational enterprise as a loosely coupled system: The global integration - local responsiveness dilemma [J]. Managerial Finance, 1999, 25 (2): 63-84.

[128] Brown T A. Confirmatory factor analysis for applied research [J]. Guilford Pubn, 2006.

[129] 郝生宾, 于渤, 吴伟伟. 企业网络能力与技术能力的耦合度评价研究 [J]. 科学学研究, 2009, 27 (2): 250-254.

[130] 高楠, 马耀峰. 旅游产业与区域经济耦合关系的时空差异——基于中国省际面板数据的实证分析 [J]. 陕西师范大学学报 (自然科学版), 2014, 42 (5): 90-96+108.

[131] 刘耀彬, 宋学锋. 城市化与生态环境的耦合度及其预测模型研究 [J]. 中国矿业大学学报, 2005 (1): 94-99.

[132] 张燕, 吴玉鸣. 中国区域工业化与城市化的时空耦合协调机制分析 [J]. 城市发展研究, 2006 (6): 46-51.

[133] 吴文恒, 牛叔文, 郭晓东, 等. 中国人口与资源环境耦合的演进分析 [J]. 自然资源学报, 2006 (6): 853-861.

[134] 周莹莹, 刘传哲. 耦合协调度视角下我国虚拟经济与实体经济关系 [J]. 求索, 2011 (5): 1-4.

[135] 刘军跃, 李军锋, 钟升. 生产性服务业与装备制造业共生关系研究——基于全国31省市的耦合协调度分析 [J]. 湖南科技大学学报 (社

会科学版)，2013，16（1）：111-116.

［136］梁威，刘满凤．我国战略性新兴产业与传统产业耦合协调发展及时空分异［J］．经济地理，2017，37（4）：117-126.

［137］王化杰，张波，胡昊，等．安徽省大气污染物时空分布特征及演化规律［J］．环境科学研究，2018，31（4）：628-641.

［138］王亚丹．国家高新区与区域经济耦合协调发展研究［D］．西安工程大学，2017.

［139］杨静．基于结构方程模型的因果发现研究［D］．合肥工业大学，2013.

［140］赵富强，张磊，陈钒．基于 PLS 路径模型的顾客满意度测评研究［J］．北京理工大学学报（社会科学版)，2010，12（4）：61-65.

［141］张军．结构方程模型构建方法比较［J］．统计与决策，2007，2007（9B）：137-139.

［142］李晓鸿．LISREL 与 PLS 建模方法的分析与比较［J］．科技管理研究，2012，32（20）：230-233.

［143］Jesús Perdomo-Ortiz，Javier González-Benito，Jesús Galende. The intervening effect of business innovation capability on the relationship between Total Quality Management and technological innovation［J］. International Journal of Production Research，2009，47（18）：5087-5107.

［144］李全喜，孙磐石，金凤花．质量管理与组织创新、组织绩效的关系——以我国制造类企业为例的实证研究［J］．科技进步与对策，2011，28（6）：88-93.

［145］Wei W C. From mediate and moderate view to untangle the relationship among product innovation performance，cross-functional cooperation and quality practices［J］. International Journal of Information and Management Sciences，2010：365-390.

［146］Wen D，Lv J，Chen X，et al. A dynamic analysis on implementing performance excellence model：Importance，Achievement and Correlations［J］.

Computers & Industrial Engineering，2016，101（C）：338-351.

［147］张群祥，奉小斌．质量管理实践对创新绩效影响的实证研究——技术战略导向的调节效应［J］. 宏观质量研究，2014（4）：89-99.

［148］Samson D，Terziovski M. The relationship between total quality management practices and operational performance［J］. Journal of operations management，1999，17（4）：393-409.

［149］Akgün A E，Ince H，Imamoglu S Z，et al. The mediator role of learning capability and business innovativeness between total quality management and financial performance［J］. International Journal of Production Research，2014，52（3）：888-901.

［150］卓越绩效评价准则（摘录）［J］. 中国技术监督，2012（12）：16-19.

［151］Lee S M，Lee D H，Olson D L. Health-care quality management using the MBHCP excellence model［J］. Total Quality Management & Business Excellence，2013，24（1-2）：119-137.

［152］王智林．战略人力资源管理、企业文化对创新绩效的影响［J］. 现代商业，2018（23）：55-56.

［153］A Abrunhosa，PME Sá. Are TQM principles supporting innovation in the Portuguese footwear industry?［J］. Technovation，2008，28（4）：208-221.

［154］Santos J L，José-Miguel-Dávila，MN Antolín，et al. total quality management & business excellence the innovation strategies for managing a specific paradox：exploration/exploitation the innovation strategies for managing a specific paradox：Exploration/exploitation［J］. Total Quality Management &，2018，29（11-12）：1362-1380.

［155］Zhang，Z Q. The empirical analysis about the influence of performance excellence mode implementation on corporate financial performance［J］. Journal of Mechanical Engineering Research and Development，2016，39（4）：1047-1052.

［156］ Palm K，Lilja J，Wiklund H. The challenge of integrating innovation and quality management practice ［J］. Total Quality Management & Business Excellence，2016，27（1-2）：34-4.

［157］ 周密，刘秉镰，盛玉雪．创新过程，创新环境及其跨层级交互作用对创新的影响效应研究——基于知识生产函数的两阶层线性模型分析［J］．财经研究，2013，39（3）：4-18.

［158］ Ooi K B，Lin B，Teh P L，et al. Does TQM support innovation performance in Malaysia's manufacturing industry?［J］. Journal of Business Economics and Management，2012，13（2）：366-393.

［159］ Hung R Y Y，Lien Y H，Yang B，et al. Impact of TQM and organizational learning on innovation performance in the high-tech industry ［J］. International Business Review，2011，20（2）：213-225.

［160］ He Z L，Wong P K. Exploration vs. exploitation：An empirical test of the ambidexterity hypothesis ［J］. Organization science，2004，15（4）：481-494.

［161］ Cao Q，Gedajlovic E，Zhang H. Unpacking organizational ambidexterity：Dimensions，contingencies，and synergistic effects ［J］. Organization Science，2009，20（4）：781-796.

［162］ 党兴华，孙永磊，宋晶．不同信任情景下双元创新对网络惯例的影响［J］．管理科学，2013（4）：25-34.

［163］ 伍勇，梁巧转，魏泽龙．双元技术创新与市场导向对企业绩效的影响研究：破坏性创新视角［J］．科学学与科学技术管理，2013，34（6）：140-151.

［164］ 吴俊杰，戴勇．企业家社会资本、知识整合能力与技术创新绩效关系研究［J］．科技进步与对策，2013，v. 30；No. 327（11）：84-88.

［165］ 南星恒，张莹，梁雨萌．企业智力资本与技术创新能力契合机理研究：基于不同生命周期阶段的分析［J］．财会通讯，2017（24）：70-73.

［166］ Idris M A，Zairi M. Sustaining TQM：A synthesis of literature and proposed research framework [J]. Total Quality Management & Business Excellence, 2006, 17 (9): 1245-1260.

[167] Harris C R. The evolution of quality management: An overview of the TQM literature [J]. Canadian Journal of Administrative Sciences, 2010, 12 (2): 95-105.

[168] Schumpeter J. The theory of economic development [M]. New York: Routledge, 2017: 57-291.

[169] Bowonder B, Miyake T. A model of corporate innovation management: Some recent high-tech innovations in Japan [J]. R&D Management, 2010, 22 (4): 319-336.

[170] Zhang D, Linderman K, Schroeder R G. The moderating role of contextual factors on quality management practices [J]. Journal of Operations Management, 2012, 30 (1/2): 12-23.

[171] 张志强，张玺，上官单彬．企业全面质量管理与技术创新的过程耦合性研究：基于北京市 210 家企业调查数据的分析 [J]．中国科技论坛，2019 (9): 146-152.

[172] Prajogo D I, Sohal A S. TQM and innovation: A literature review and research framework [J]. Technovation, 2001, 21 (9): 539-558.

[173] 吴际，石春生，刘明霞．基于企业生命周期的组织创新要素与技术创新要素协同模式研究 [J]．管理工程学报，2011，25 (4): 129-135.

[174] Yusr M M, Mokhtar S S M, Othman A R, et al. Does interaction between TQM practices and knowledge management processes enhance the innovation performance? [J]. International Journal of Quality & Reliability Management, 2017, 34 (2): 955-974.

[175] Yusr M M. Innovation capability and its role in enhancing the relationship between TQM practices and innovation performance [J]. Journal of Open Innovation Technology Market & Complexity, 2016, 2 (1): 1-15.

[176] 张志强，上官单彬，王玮．政府质量奖与企业经营绩效：基于

2001—2016 年全国质量奖获奖企业的 Choice 数据 [J]. 财会通讯，2018 (26)：25-29.

[177] Camisón C, Puigdenia A. Are quality management practices enough to improve process innovation? [J]. International Journal of Production Research, 2016, 54 (10): 1-20.

[178] Keng-Boon O, Binshan L, Pei-Lee T, et al. Does TQM support innovation performance in Malaysia's manufacturing industry? [J]. Journal of Business Economics & Management, 2012, 13 (2): 366-393.

[179] 梁欣如，许庆瑞. TQM 是否阻碍了全员创新：TQM 的管理控制模式与全员创新模式 [J]. 中国地质大学学报（社会科学版），2006，6 (2)：54-59.

[180] 刘湘云，韦施威，刘兆庆. 群体动力学视角下科技创新与金融创新耦合机制研究——以广东省为例 [J]. 科技管理研究，2018，38 (15)：15-25.

[181] 童心，于丽英. 基于商业生态系统的技术创新与商业模式创新耦合机制研究 [J]. 科技进步与对策，2014，31 (12)：17-22.

[182] 张平，李秀芬. 产业技术选择与要素禀赋耦合效应研究 [J]. 工业技术经济，2017，36 (2)：10-15.

[183] 王霞，王岩红，苏林，等. 国家高新区产城融合度指标体系的构建及评价——基于因子分析及熵值法 [J]. 科学学与科学技术管理，2014，35 (7)：79-88.

[184] 李政通，姚成胜，邹圆，等. 中国省际新型城镇化发展测度 [J]. 统计与决策，2019 (2)：95-100.

[185] 詹姆斯. R·埃文斯，威廉. M·林赛，焦叔斌. 质量管理与质量控制 [M]. 中国人民大学出版社，2010.

[186] 段桂江，徐庆丰. 基于资源-逻辑动态耦合的生产质量管理系统过程模型 [J]. 中国机械工程，2010，21 (10)：1184-1189.

[187] 王秋明，高慧颖，刘科成. 基于过程方法的现代集成制造模式

下质量管理系统模型［J］. 中国科学院研究生院学报，2012，29（5）：686-692.

［188］吴贵生，王毅. 技术创新管理［M］. 北京：清华大学出版社，2013.

［189］吕一博，苏敬勤. 基于创新过程的中小企业创新能力评价研究［J］. 管理学报，2009，6（3）：331-337.

［190］吕一博，苏敬勤. “创新过程”视角的中小企业创新能力结构化评价研究［J］. 科学学与科学技术管理，2011，32（8）：58-64.